Jogando com os pés, treinando com a cabeça: gestão no futebol

Conselho Editorial

Alex Primo – UFRGS
Álvaro Nunes Larangeira – UTP
André Parente – UFRJ
Carla Rodrigues – PUC-RJ
Ciro Marcondes Filho – USP
Cristiane Freitas Gutfreind – PUCRS
Edgard de Assis Carvalho – PUC-SP
Erick Felinto – UERJ
Francisco Rüdiger – PUCRS
Giovana Scareli – UFSJ
J. Roberto Whitaker Penteado – ESPM
João Freire Filho – UFRJ
Juremir Machado da Silva – PUCRS
Marcelo Rubin de Lima – UFRGS
Maria Immacolata Vassallo de Lopes – USP
Michel Maffesoli – Paris V
Muniz Sodré – UFRJ
Philippe Joron – Montpellier III
Pierre le Quéau – Grenoble
Renato Janine Ribeiro – USP
Rose de Melo Rocha – ESPM
Sandra Mara Corazza – UFRGS
Sara Viola Rodrigues – UFRGS
Tania Mara Galli Fonseca – UFRGS
Vicente Molina Neto – UFRGS

Elio Carravetta

Jogando com os pés, treinando com a cabeça: gestão no futebol

Editora Sulina

© Elio Carravetta, 2017

Capa: *Like Conteúdo*
Projeto gráfico e editoração: *Daniel Ferreira da Silva*
Fotos: *Marcelo Campos*
Revisão: *Matheus G. Tussi*
Revisão gráfica: *Miriam Gress*
Revisão e preparação do original: *Eduardo Cabeda*
Editor: *Luis Antônio Paim Gomes*
Fotografias: *Itamar Aguiar, Ricardo Duarte, Marcelo Campos, Arquivo pessoal do autor, Setor de divulgação dos cursos da CBF, Setor de divulgação da Florida Cup, Setor de divulgação The Third Performance Training Summit of China – 2015.*

DADOS INTERNACIONAIS DE CATALOGAÇÃO NA PUBLICAÇÃO (CIP)
BIBLIOTECÁRIA RESPONSÁVEL: DENISE MARI DE ANDRADE SOUZA CRB 10/960

C313j   Carravetta, Elio
          Jogando com os pés, treinando com a cabeça: gestão no futebol
        / Elio Carravetta. -- Porto Alegre: Sulina, 2017.
          263 p.

        ISBN: 978-85-205-0766-7

        1. Futebol. 2. Esporte – Futebol. 3. Futebol – Gestão. 4. Educação –
        Futebol. 1. Título.

        CDU: 796.332
        CDD: 370
            790

Todos os direitos desta edição reservados à
EDITORA MERIDIONAL LTDA.

Av. Osvaldo Aranha, 440 cj. 101
Cep: 90035-190 Porto Alegre-RS
Tel: (051) 3311-4082
www.editorasulina.com.br
e-mail: sulina@editorasulina.com.br

{Maio /2017}

IMPRESSO NO BRASIL/PRINTED IN BRAZIL

In memoriam, a Fernando Lúcio da Costa, o Fernandão, eterno Capitão América, campeão da Copa Libertadores e Mundial de Clubes FIFA 2006.
(✶18/03/1978 ✝ 07/06/2014)

Abel Braga, treinador campeão do mundo, em 2006, pelo Sport Club Internacional, simboliza toda a minha gratidão e os meus agradecimentos aos dirigentes, comissões técnicas, comissões de apoio técnico, assessores de imprensa, funcionários, atletas e ao editor Luis Gomes, pelas expressivas contribuições para a edição deste livro.

Sumário

PREFÁCIO, 15

INTRODUÇÃO, 19

CAPÍTULO 1
A ORIGEM DA GESTÃO DOS TREINAMENTOS
NO FUTEBOL BRASILEIRO, 23
1.1 Introdução, 23
1.2 A formação da primeira comissão técnica em
uma cultura amadora, 24
1.3 A origem dos treinadores e o comportamento
organizacional, 26
1.4 O nascimento da concepção pré-científica, 29

CAPÍTULO 2
CONCEPÇÕES METODOLÓGICAS NA GESTÃO DOS
TREINAMENTOS, 35

2.1 Concepção pré-científica, 35

2.2 Concepção científica: mecanicista e tecnológica, 39

2.3 Concepção científica: sistêmico-ecológica, 47

CAPÍTULO 3
OS PRINCÍPIOS GERAIS DOS TREINAMENTOS PARA O FUTEBOL, 59

3.1 Os significados dos treinamentos para a prática do futebol, 59

3.2 Princípio do comportamento competitivo, 61

3.2.1 Subprincípio da superação, 62

3.2.2 Subprincípio da consciência agonística, 63

3.2.3 Subprincípio dos mecanismos reguladores, 64

3.3 Princípio do domínio da idade nos ciclos de treinamentos, 65

3.3.1 Subprincípio da versatilidade, 66

3.3.2 Subprincípio da continuidade, 67

3.3.3 Subprincípio das reservas de adaptações, 67

3.4 Princípio da progressão de cargas, 68

3.4.1 Subprincípio do heterocronismo da recuperação, 68

3.4.2 Subprincípio da interdependência do volume e a intensidade, 69

3.4.3 Subprincípio da continuidade e repetição, 70

3.5 Princípio de construção do modelo de jogo, 70

3.5.1 Subprincípio defensivo, 71

3.5.2 Subprincípio ofensivo, 71

3.5.3 Subprincípio de sistemas táticos, 72

3.6 Princípio dos processos cognitivos, 72

3.6.1 Subprincípio da concentração, 73

3.6.2 Subprincípio da consciência tática, 74

3.6.3 Subprincípio da compreensão, 75

CAPÍTULO 4
ESTRUTURA E ORGANIZAÇÃO DOS TREINAMENTOS NO FUTEBOL, 77

4.1 O significado do treinamento esportivo orientado para o futebol, 77

4.2 A estrutura dos treinamentos em categorias, 79

4.3 Organização e seleção dos conteúdos de treinamentos, 82

CAPÍTULO 5
A FORMAÇÃO DOS JOGADORES: CATEGORIAS SUB-12 A SUB-15, 89

5.1 Os diferentes momentos da formação do jogador brasileiro, 89

5.2 A divisão dos ciclos de treinamentos, 93

5.3 O ciclo dos treinamentos de longa duração: categorias Sub-12 a Sub-15, 94

5.3.1 Treinamento básico motor, 95

5.3.2 Treinamento dos fundamentos técnicos, 97

5.3.3 A competição como um construto pedagógico, 102

5.3.4 Orientações básicas para a formação do comportamento tático, 104

5.3.5 Conteúdos teórico-práticos para a formação do jogador, 105

5.3.5.1 Treino básico motor: Figuras Geométricas, 105

5.3.5.2 Treino básico motor: Caça-Galinha (1 x 1), 107

5.3.5.3 Treino de fundamentos: O Mestre Manda, 109

5.3.5.4 Treino de fundamentos: Nunca Duas, 112

5.3.5.5 Treino de fundamentos: Passe Estratégico (Fut-Dama/Jogo do Caos), 113

5.3.5.6 Treino de fundamentos: Jogo dos Cantos (Quinas), 115

5.3.5.7 Treino de fundamentos: "Slalon", 117

5.3.5.8 Treino de competição: Jogo de Circulação, 118

5.3.5.9 Treino de competição: Jogo das Escolhas, 120

CAPÍTULO 6

TREINAMENTOS NO CICLO DE MÉDIA DURAÇÃO: CATEGORIAS SUB-16 A SUB-19, 127

6.1 Introdução, 127

6.2 Parâmetros das fases de desempenho dos jogadores de futebol, 129

6.2.1 Divisão de conteúdos para o ciclo de treinamentos de média duração, 131

6.3 Os treinamentos estruturais de força, resistência e velocidade, 132

6.3.1 A força nos ciclos de longa e média duração, 132

6.3.2 Os treinamentos de resistência no período de formação especializada, 134

6.3.3 As diferentes manifestações da velocidade, 135

6.4 Treinamentos técnicos e táticos, 138

6.5 Treinamentos estratégico-táticos, 139

6.6 A competição como um importante embasamento pedagógico para o processo de transição, 140

6.7 A importância dos treinamentos adicionais como um projeto de extensão para a excelência do rendimento, 142

6.8 Conteúdos teóricos e práticos para o ciclo de média duração, 146

6.8.1 Treino técnico: Jogo das Goleirinhas, 146

6.8.2 Treino técnico: 2 x 1 com retorno "+1", 148

6.8.3 Treino técnico: finta e finalização, 149

6.8.4 Treino técnico: campo reduzido 8 x 8 com oito apoios, 151

6.8.5 Treino tático-estratégico: Alta Pressão, 153

6.8.6 Treino tático-estratégico: Jogo dos 4 Apoios (10 X 14), 154

CAPÍTULO 7
AVALIAÇÕES E OS CONTROLES FISIOLÓGICOS, 157

7.1 Introdução, 157

7.2 Os primeiros passos das avaliações, 160

7.3 Banco de dados, 161

7.4 Avaliação dos componentes aeróbios, 162

7.5 Avaliação do componente anaeróbio, 166

7.6 Avaliação da força e desequilíbrio muscular, 168

7.7 Avaliação da flexibilidade e dos movimentos funcionais, 170

7.8 Composição corporal, 170

7.9 Diagnóstico do jogo, 172

7.10 Os controles nos ciclos de longa e média duração, 174

7.11 Considerações finais, 176

CAPÍTULO 8
TREINAMENTOS NO CICLO DE CURTA DURAÇÃO, 179

8.1 Os impactos das adaptações nos treinos de futebol, 179

8.2 O significado das adaptações dos componentes físico-motores, 185

    8.2.1 Resistência, 186

    8.2.2 Força, 188

        8.2.2.1 Reforços musculares, 193

    8.2.3 Velocidade, 194

    8.2.4 Flexibilidade, 195

8.3 Os processos de recuperação pós-treinos e jogos, 196

    8.3.1 Treinos regenerativos, 196

    8.3.2 Recuperação ativa, 197

    8.3.3 Recuperação passiva, 198

CAPÍTULO 9

A FADIGA, AS LESÕES E O RETREINAMENTO, 201

9.1 Os efeitos da fadiga na rotina de jogos e treinamentos, 201

9.2 A fadiga prolongada e a redução do rendimento competitivo, 204

9.2.1 Indicadores de fadiga, 205

9.2.2 Indicadores de controle, 206

9.2.3 Medidas para prevenção do supertreinamento, 206

9.3 As causas da elevada prevalência de lesões no futebol, 208

9.4 As dimensões do retreinamento na temporada anual, 211

9.4.1 As etapas do retreinamento, 213

9.4.2 A transição do jogador para a rotina dos treinamentos com a equipe, 215

9.4.3 Consideração pedagógica, 216

CAPÍTULO 10

A PERIODIZAÇÃO ANUAL NO CICLO DE CURTA DURAÇÃO, 219

10.1 Introdução, 219

10.2 Fase de treinamentos de base – período de pré-temporada, 222

10.3 Fase de treinamentos de acumulação
  – período de competição, 227

10.4 Fase de treinamentos específicos – período de competição, 228

10.5 Conteúdos teórico-práticos dos treinamentos no ciclo de
  curta duração, 231

10.5.1 Treino técnico-tático: campo reduzido 10 x 10 posicional
  com inversões de lado, 231

10.5.2 Treino técnico-tático: campo reduzido 6 x 6 – Jogo das Transições –
  traves invertidas, 234

10.5.3 Treino técnico-tático: campo reduzido 3 x 3 com dois apoios variando, 236

10.5.4 Treino tático posicional: campo reduzido 8 x 7 – ataque x defesa –
  posicional, 238

10.5.5 Treino tático: campo reduzido 10 x 10, 240

10.5.6 Treino tático: campo reduzido 10 x 10 – posse de bola setorizada, 242

10.5.7 Treino tático: trabalho de movimentos ofensivos, 243

10.5.8 Treino tático posicional: campo reduzido 6 x 5 – ataque x defesa posicional, 245

10.5.9 Treino tático: campo reduzido 5 x 5 – estacas, 246

10.6 Período de férias – fase de transição, 248

REFERÊNCIAS, 257

Prefácio

Os ensinamentos e os livros do Prof. Elio Carravetta são dedicados à ideia de movimento. Mas, nesse caso, movimento é mais do que uma ideia, uma fórmula teórica, uma qualidade abstrata: Elio Carravetta tem dedicado sua vida a se mover e a pensar o corpo em movimento. Por isso, esta apresentação começa não com o que o autor é, mas com o que ele *fez* até agora. Elio correu o mundo para correr 800 m rasos e estabeleceu o recorde juvenil da prova. Elio treinou fundistas e maratonistas, aprontou com treinamentos personalizados destacados atletas de diferentes modalidades esportivas, comandou times de handebol e preparou fisicamente equipes de futsal. Em Barcelona, o professor Elio se tornou doutor em educação, e antes e depois disso dedicou parte de sua vida movendo-se entre salas de aulas universitárias, onde formou centenas de professores e estudiosos da educação física.

Por isso, afirmo relutantemente que o movimento *define* a vida do autor deste livro: porque uma vida em movimento, dedicada ao movimento, não pode ser enclausurada num conjunto limitado de predicados gerais e simplificadores. O Elio Carravetta conhecido pela trajetória no futebol talvez seja reconhecido justamente porque não é um especialista no futebol – é um entendedor do movimento. Como ex-fundista, treinador e preparador, professor e pai de dois filhos, como alguém que transitou entre instituições, cidades e convenções empresariais, esportivas e teóricas, Elio voltou-se ao futebol, trabalhou no Grêmio (se movimentando pelas categorias de base do clube) e chegou, há quase 20 anos, ao Inter, clube que ajudou a movimentar da boa reputação nacional ao sucesso internacional.

Arrisco-me a citar um filósofo (afinal o Prof. Elio também percorreu bibliotecas para entender as forças ligadas ao movimento) para sugerir que o sucesso do Elio no futebol se deve em parte à sua relutância em aceitar o que Hegel chamava de racionalidade do *entendimento* – aquela que separa as partes e as categorias, impondo uma redução do ser, exigindo ou isso ou aquilo. (Aliás, o futebol está tomado pela mentalidade do entendimento, por "especialistas" que fatiam o corpo num agregado de joelhos, braços, conexões sinápticas e outras partes isoladas; por discussões de bar ou de TV que tentam decidir, de uma vez por todas, se o importante é ter um bom treinador, um bom atacante ou uma boa torcida; por estrategistas recém-chegados e prontos para aplicar fórmulas do marketing em clubes que seriam, na verdade, apenas marcas ou empresas.)

Pois este livro desafia a visão reducionista do futebol e, como consequência, soma perspectivas em vez de excluí-las. Assim, o autor desmonta clichês do treinamento e do desempenho, substituindo-os por noções mais completas, mesmo que inesperadas: o treinador é tão ou mais responsável pela preparação física do que o preparador; o jogador não é um conjunto de partes mecânicas, mas um corpo e uma consciência, com objetivos e com valores, com um passado e com um futuro, em constante interação com um mundo mutável; o treino não é apenas um treino, mas o momento decisivo da educação para o jogo e, em certo sentido, o próprio jogo.

Como você lerá nas próximas páginas, a visão "holística" do autor não anula o domínio das técnicas e as abordagens específicas, mas as situa num todo de relações complexas, pois o futebol, embora seja um campo específico da nossa cultura, influencia e é influenciado pela biologia do corpo; pela psicologia e pelas emoções das almas e das consciências, particulares e coletivas, envolvidas no jogo; pelos valores morais que o futebol requer e fomenta; pelas técnicas de administração; e pelos fatores imponderáveis que dão ao jogo o seu aspecto mais interessante: a imprevisibilidade. Sugiro ao leitor, então, que tome as páginas a seguir não apenas como um manual técnico, mas como um conjunto de ideias e de experiências que olham o movimento do treinamento no futebol como o jogo de fato é olhado: por diferentes ângulos, posições e perspectivas.

Rafael L. Kasper
Escritor, professor e doutorando em filosofia

Introdução

Este livro reflete minhas experiências e meus questionamentos sobre a gestão dos treinamentos no futebol brasileiro. Eu o escrevi com base no convívio diário, nos últimos 20 anos, com jogadores, treinadores, preparadores físicos, equipes de saúde e dirigentes. E também com base no convívio com livros, artigos e estudos que, somados a observações e intuições, ajudaram-me a formar (sempre crítica e gradualmente) minhas práticas pedagógicas. Por isso, este livro retoma o assunto de publicações anteriores, mas de um modo diferente, com antigas convicções e novas ideias.

O livro se divide em dez capítulos. Eles tratam, de modo geral, da gestão dos treinamentos com os mecanismos das relações humanas no contexto cultural do futebol brasileiro. O primeiro capítulo aborda o comportamento das organizações no início do futebol brasileiro e a constituição da concepção pré-científica. O segundo capítulo analisa a evolução e a formação das concepções de treinamentos no futebol e suas implicações. Na continuação, no terceiro capítulo, abordo, com uma perspectiva humanista, os princípios dos treinamentos que orientam os objetivos, os conteúdos, e os ciclos de preparação de jogadores e times de futebol. A seguir, no quarto capítulo, estudo a estrutura organizacional dos treinamentos com ênfase na pedagogia do esporte. O quinto capítulo trata do ciclo de longa duração, a formação dos jogadores do Sub-12 ao Sub-15. O capítulo seis apresenta o ciclo de média duração, do Sub-16 ao Sub-19. No sétimo capítulo, o preparador físico e especialista em fisiologia do exercício Felipe Célia descreve as avaliações e os controles fisiológicos. No oitavo capítulo, escrevo sobre os treinamentos e os impactos das adaptações no ciclo de curta duração. No nono capítulo, reflito sobre a fadiga, as lesões e o retreinamento. Por fim, o décimo capítulo aborda a periodização anual no ciclo de curta duração. Assumo o pressuposto de que não existe a uniformização de formas e metodologias para a periodização, uma vez que a configuração dos treinos leva em conta as concepções dos treinadores, o perfil comportamental dos jogadores e os objetivos da temporada – sempre, é claro, adaptada ao contexto político-organizacional do clube e ao calendário anual dos campeonatos.

Os conteúdos teóricos e práticos dos ciclos de treinamentos da formação ao elevado rendimento competitivo foram selecionados e elaborados pelos colegas, todos do Sport Club Internacional: Wilson Souza, colaborador técnico do projeto **Aprimorar**, Odair Helmann, assistente técnico da equipe principal, e Mauricio Dulac, analista de desempenho da equipe principal. Já os dados fisiológicos foram coletados e ordenados pelos médicos fisiologistas Luis Antonio Crescente e Felipe Irala, ambos do Sport Club Internacional.

Os estudos das ciências biológicas aplicadas ao futebol avançaram. Mas esses dados teóricos precisam ser adaptados a cada realidade, precisam ser apropriados e trabalhados concretamente. Proponho, aqui, uma pedagogia que prepare os jogadores para compreender, pensar e dialogar sobre os efeitos das adaptações, as sensações do corpo, a mecânica e a estratégia do jogo. Motivação, consciência, cognição, percepção e comunicação (motora e verbal) são os pilares da inteligência cultural para jogar futebol. Proponho, modestamente, uma filosofia empírica do futebol, não de maneira estática, pois ela mescla a dinâmica de parâmetros objetivos e conceitos teóricos. E está aberta à reflexão, à variação de contextos e, principalmente, à busca de alternativas, entre jogadores e treinadores, para melhorar o modo como cada equipe joga o futebol.

Capítulo 1

A ORIGEM DA GESTÃO DOS TREINAMENTOS NO FUTEBOL BRASILEIRO

1.1 Introdução

Nas linhas abaixo, pretendo expor como a concepção de gestão dos treinamentos no futebol evoluiu com a história do futebol brasileiro. Minha hipótese é de que tais mudanças ocorreram em esferas distintas: da transformação das organizações, passando pelas novas áreas de conhecimento, gestão dos clubes e federações, avanços pedagógicos, científicos e tecnológicos, estudos da ciência do desporto, chegando (de maneira abrangente) às relações humanas inseridas na cultura futebolística. O que entendo por concepção da gestão do treinamento? Em poucas palavras: as teorias, os conceitos e as ideias que orientam os jogadores e as equipes. Essas teorias não são ideias abstratas, mas noções provocadas pela realidade. E, nessa "realidade", englobo aspectos como o momento histórico, as singularidades do quadro sociológico, a cultura das lideranças, o calendário das competições, o perfil dos jogadores e o nível de entendimento, interação e preparo das comissões técnicas.

Para se olhar de perto e compreender a história da concepção das gestões de treinamentos no futebol brasileiro, abordarei o comportamento de suas comissões técnicas. Exatamente onde tudo se torna claro e explicativo?

1.2 A formação da primeira comissão técnica em uma cultura amadora

Dois eventos foram determinantes para a formação da primeira comissão técnica no futebol brasileiro. Primeiro, o reconhecimento do profissionalismo pela Confederação Brasileira de Desportos (CBD) e, segundo, as modificações na estrutura da delegação que participou da Copa do Mundo de 1938. O futebol passou a ser conduzido por duas entidades, a CBD, representante do amadorismo, e a nova Federação Brasileira de Futebol (FBF), que comandava o profissionalismo. Essa profissionalização teve início nos estados do Rio de Janeiro e de São Paulo, antes de desembarcar noutras regiões do Brasil. A CBD insistia em convocar somente amadores, e deixava de fora os melhores jogadores da Seleção por terem se tornado profissionais. Em posição contrária, a FBF lutava pelos direitos dos clubes e dos jogadores profissionais. A Confederação Brasileira de Desportos e a Federação Brasileira de Futebol, aproveitando o momento de grande aceitação do esporte, fundiram-se para originar uma nova entidade. O profissionalismo foi definitivamente adotado e os clubes filiados à FBF foram reconhecidos pela CBD, e, a partir daí, os melhores jogadores começaram, finalmente, a ser convocados. Assim, os preparativos e o clima prévio à Copa do Mundo de 1938 foram inéditos.

A direção da CBD mandou para a França, pela primeira vez, um time realmente com os melhores jogadores do país. No entanto, a "protocomissão", formada pelo treinador Ademar Pimenta, pelo médico e jogador Álvaro Lopes Cançado (o Nariz) e pelo chefe da delegação, Castelo Branco, era mais do que um combinado de amadorismo e profissionalismo. O despreparo nos relacionamentos profissionais era visível por todos os lados: enquanto o treinador determinava que mulher alguma seguiria com o grupo, o chefe da delegação providenciava uma exceção aos jogadores Nariz e Luizinho: para a alegria de suas respectivas esposas.

Em outro episódio da viagem, durante a escala em Salvador, dois jogadores ficaram bêbados, motivando naturalmente o treinador a pedir o afastamento dos envolvidos, um pedido rapidamente feito e imediatamente negado. Os privilégios se repetiam. No hotel responsável por acomodar a delegação em território francês, os dirigentes e jogadores Nariz e Luizinho, então acompanhados de suas mulheres, conseguiram se acomodar na ala central, fora do alcance dos olhos do técnico. Os demais acabaram na ala dos fundos, onde podiam ser facilmente vigiados. Os atletas da confusão em Salvador, literalmente, repetiram a dose, dessa vez bebendo durante a competição, novamente sem qualquer intervenção do chefe da delegação. O médico, por outro lado, costumava dispensar determinados profissionais dos treinamentos sem grandes explicações. Entre os privilegiados, o jogador Luizinho e a famosa dupla parceira de copo.

Em 1941, após a regulamentação do futebol brasileiro, houve a estruturação dos organismos oficiais com a criação das confederações, federações e associações, o que resultou em nova expectativa para o esporte, historicamente marginalizado na sociedade brasileira. Dois anos depois, em 1943, as relações entre os jogadores, colaboradores (treinadores e outros) e os clubes passaram a ser reguladas pela Consolidação das Leis do Trabalho (CLT). A formalização da atividade se traduziu em conteúdo: os campos de várzea se multiplicaram, novas equipes surgiram e, no quadro geral, o futebol amador cresceu a todo vapor.

1.3 A origem dos treinadores e o comportamento organizacional

No ambiente essencialmente amador, na beira dos campos de várzea ou nas mesas dos bares, é que se iniciou a formação empírica dos treinadores. A liderança, a boa convivência e o domínio do vocabulário (ou melhor, do jargão) do futebol eram condições básicas para se dirigir uma equipe varzeana. Muitos desses treinadores assumiram a direção técnica de times profissionais, e logo se tornaram os primeiros multiplicadores da cultura técnica do futebol no Brasil. Amparados no exclusivismo da autoridade e no empirismo, eles repassavam os valores e os costumes da várzea para o interior dos clubes. Os técnicos brasileiros Flávio Costa, Zezé Moreira, Aymoré Moreira, Silvio Pirillo, Gentil Cardoso, Osvaldo Brandão e Vicente Feola, de procedência elitista, mas familiarizados com "aquela" cultura do futebol, foram os primeiros modelos no processo de formação dos treinadores brasileiros.

A composição da equipe técnica da Seleção Brasileira de 1950 retrata bem como as coisas eram conduzidas administrativamente. O coordenador técnico era José Maria Castelo Branco; o treinador era Flávio Rodrigues da Costa; o auxiliar técnico, Vicente Feola; os médicos, Amílcar Giffoni e Newton Paes Barreto; e o massagista, Mário Américo. Flávio Costa havia conquistado campeonatos cariocas pelo Flamengo e pelo Vasco. Homem de temperamento agressivo, era centralizador dentro e fora de campo, enfrentava os dirigentes e abusava do seu poder. Taticamente, Flávio Costa ainda utilizava o WM, de origem inglesa, e foi com esse sistema que organizou a Seleção do melancólico *Maracanazo*.

Já em 1952, com Zezé Moreira no comando, o selecionado nacional conquistou o título pan-americano, em Santiago, no Chile. Zezé, embora inovador no quesito tático (utilizou a marcação por zona e reforçou a defesa), tinha um espírito autoritário, na linha de Flávio Costa.

Para a Copa do Mundo de 1954, Zezé Moreira ganhou o apoio de Alfredo Gomes, designado como conselheiro técnico; Luis Vinhaes se tornou o assessor técnico; Newton Paes Barreto, o médico; Mário Américo, o massagista; Laudelino Oliveira, o cozinheiro; e Aloísio Alves, o roupeiro. A estrutura política da delegação também foi acrescida de novos cargos. João Lyra Filho foi nomeado chefe da delegação, o presidente de honra foi Rivadávia Correia Meyer, e o tesoureiro, Irineu Chaves; José Maria Castelo Branco, Henrique Barbosa e Sotero Gomes completavam o quadro de delegados.

Mesmo que tivesse representatividade política, esses dirigentes não tiveram competência, comprometimento nem responsabilidade nas ações diretivas. Um destacado jogador do elenco resumiu o sentimento do grupo de jogadores ao afirmar que o Brasil possuía atletas, mas não dirigentes. Enquanto as outras equipes treinavam, os jogadores brasileiros passavam horas ouvindo discursos improvisados e inconsistentes, que colaboraram para a desmobilização do grupo. As conversas eram tão longas e cansativas que os atletas adormeciam e esqueciam o que tinham ouvido. A falta de percepção de deveres e obrigações, entre dirigentes, comissões técnicas e jogadores, fragilizou a interação coletiva da equipe. À equipe, faltou tranquilidade, segurança, preparo e atenção ao jogo final.

No ano de 1956, em excursão da Seleção pela Europa, mais uma vez os dirigentes brasileiros foram imaturos e despreparados. Ao lado dos jogadores, tentaram agredir o árbitro da partida contra a Áustria, em Viena. Foi o ensaio de um hábito preservado até hoje: os arroubos emocionais dos dirigentes servem para confundir seu papel institucional com a figura de um mero torcedor. De onde se esperavam planejamento e disciplina, sobravam improvisações, favorecimentos e boas doses de paternalismo. É inevitável dizer que o início da organização do futebol no Brasil não foi uma ruptura absoluta: os passos foram lentos e, na bagagem, carregou-se muito do amadorismo inicial.

1.4 O nascimento da concepção pré-científica

Em 1958, João Havelange, um homem enérgico e pretensioso, começa a promover a excelência do futebol brasileiro ao assumir a presidência da CBD. Com metas bem estabelecidas, Havelange aprovou a proposta inovadora de Paulo Machado de Carvalho, que priorizava a renovação da equipe técnica da Seleção Brasileira. Uma comissão provisória foi formada por Carlos Nascimento, José de Almeida e Vicente Feola, com o objetivo de planejar e organizar o novo selecionado nacional. Após análise do desempenho nas copas de 1950 e 1954, eles avaliaram os jogadores como medrosos, apáticos, pouco combativos, sem vibração e com autoestima baixa. Com base nesse diagnóstico, incluiu-se um psicólogo à comissão técnica, assim como um dentista e um médico. Juntos formariam a equipe de saúde da Seleção.

Um sociólogo licenciado em psicologia foi contratado, João Carvalhaes, o mesmo profissional que avaliou, em 1954, os jogadores do São Paulo Futebol Clube, além dos aspirantes a árbitro e a bandeirinha da Federação Paulista de Futebol. Carvalhaes era funcionário de uma empresa de transportes coletivos do município de São Paulo e estava acostumado a avaliar candidatos a motorista de ônibus e condutores de bondes. Na Seleção, os resultados de suas técnicas foram um desastre. Para a sorte do futebol brasileiro, treinador, Vicente Feola, não deu importância às conclusões de Carvalhaes: durante a Copa, muitos dos jogadores avaliados como psicologicamente inabilitados por Carvalhaes se destacaram como craques do torneio.

Assim, a psicologia, como disciplina de apoio no futebol, foi, pelo menos inicialmente, desacreditada. Talvez pelo isolamento do especialista no interior da comissão técnica ou então pelas contradições entre os testes aplicados e os resultados de campo. Mesmo assim, além da psicologia, foram introduzidas novas especialidades na estrutura técnica, como a do supervisor, observador técnico e preparador físico, representados respectivamente por Carlos Nascimento, Ernesto Santos e Paulo Amaral. O restante do grupo foi formado pelo chefe da delegação, Paulo Machado de Carvalho, o médico Hilton Gosling, o dentista Mário Trigo, o massagista Mário Américo e o roupeiro Francisco de Assis.

O treinador, Vicente Feola, ao contrário dos antecessores Flávio Costa e Zezé Moreira, tinha um temperamento flexível e calmo, não alterava o tom da voz e era favorável ao diálogo. A carreira de Feola teve início na Portuguesa Santista e prosseguiu no São Paulo, onde, em 48 e 49, foi campeão. A trajetória vitoriosa continuou como treinador da Seleção na Copa da Suécia, em 1958, quando venceu a Áustria por 3 a 0, sem Zito, Garrincha e

Pelé. Utilizou a seguinte formação: Gilmar; De Sordi, Bellini, Orlando e Nilton Santos; Didi e Dino; Joel, Mazzola, Dida e Zagalo. Na segunda apresentação, o Brasil apenas empatou em 0 a 0 com a Inglaterra, mas, no terceiro e decisivo jogo, contra o futebol científico da União Soviética, a flexibilidade, a abertura e o diálogo de Vicente Feola, somados à criatividade de Garrincha, foram decisivos para o sucesso da equipe. Feola aceitou ponderações de Nilton Santos, Didi e Bellini, e escalou os jogadores Pelé, Zito e Garrincha. O "anjo das pernas tortas" abriu o caminho para a vitória: Garrincha desequilibrou a URSS com dribles desconcertantes, arrancadas explosivas e chutes à queima-roupa. A Seleção venceu os russos por 2 a 0, demonstrando equilíbrio, dinamismo e incontestável superioridade técnica. Com o resultado, a imprensa internacional colocou o time como favorito ao título.

No jogo final, contra a Suécia, Vicente Feola voltou a utilizar uma variação do 4-2-4, com Gilmar; Djalma Santos, Bellini, Orlando e Nilton Santos; Zito, Didi; Garrincha, Pelé, Vavá e Zagalo. O ponta-esquerda Zagalo jogava recuado, auxiliando o volante Zito, enquanto Didi armava as jogadas no meio de campo. Assim, a equipe bateu a Suécia por 5 a 2. Com um sistema inovador, o 4-2-4, sustentado em jogadores de excepcional qualidade técnica, e com um treinador inteligente, transparente e vibrante, o Brasil conquistou seu primeiro título mundial.

Para a Copa do Mundo de 1962, foi conservada a estrutura técnica da Seleção vencedora em 1958. Chefe da delegação: Paulo Machado de Carvalho. Supervisor: Carlos Nascimento. Dentista: Mário Trigo. Médico: Hilton Gosling. Preparador físico: Paulo Amaral. Observador: Ernesto Santos. Massagista: Mário Américo. Roupeiro: Francisco de Assis. Com problemas de saúde, Vicente Feola desempenhou a função de assistente de supervisão, enquanto Aimoré Moreira foi efetivado como técnico da equipe. Na função de psicólogo, João Carvalhaes foi substituído por Ataíde Ribeiro, que adotou uma linha diferente: ele ajudava o atleta a afastar o medo e a intranquilidade, para que, assim, pudesse jogar um bom futebol. Não valorizava excessivamente as teorias, frequentava a concentração, participava das etapas de preparação, conversava muito com os jogadores e contribuía, com os outros integrantes da comissão técnica, na manutenção do clima de camaradagem e harmonia durante a preparação e a competição.

O hábil planejamento e as ações bem administradas ajudaram a unificar o grupo. Foi montada uma infraestrutura com as melhores condições. Os atletas ficaram hospedados num hotel-fazenda distante da cidade, que contava com ambientes confortáveis, compatíveis com o período de preparação pelo qual passaria o time de Altair, Amarildo, Coutinho, Castilho, Djalma Santos, Pelé, Bellini, Garrincha, Gilmar, Jair, Mauro, Jair Marinho, Zequinha, Nilton Santos, Mengálvio, Didi, Jurandyr, Pepe, Vavá, Zagalo, Zito e Zózimo.

A integração desse grupo foi provada na véspera da estreia. Aimoré Moreira decidiu escalar o zagueiro Bellini para o primeiro jogo, mas o zagueiro preterido, Mauro, inconformado com a decisão, exigiu do técnico as razões que o levaram a perder a titularidade – afinal, ele havia se destacado nos treinamentos e tinha atuado como titular em todos os jogos preparatórios. Aimoré disse que queria manter a base da equipe campeã na Suécia. Mauro não se contentou com o argumento e avisou que não aceitaria ficar de fora, uma vez que lutara pela posição desde os preparativos de 1958, e, durante o período preparatório para o mundial do Chile, havia sido considerado destaque. Como o treinador confiava na equipe técnica, resolveu consultar seus integrantes, Paulo Machado, Vicente Feola, Carlos Nascimento e outros. Após o diálogo, revisou sua posição e Mauro foi mantido como titular e capitão da equipe.

A Seleção conquistou o bicampeonato mundial muito em função da unidade e da qualidade técnica daquele grupo. O time-base que venceu a competição foi escalado com: Gilmar, Djalma Santos, Mauro, Zózimo, Nilton Santos; Didi, Zito, Garrincha, Vavá, Pelé (Amarildo) e Zagalo. Obteve os seguintes resultados na fase de classificação: Brasil 2 x 0 México, Brasil 0 x 0 Tchecoslováquia e Brasil 2 x 1 Espanha. A substituição de Amarildo por Pelé, afastado por lesão muscular no segundo jogo, serviu para unificar ainda mais o grupo de jogadores. Após as classificatórias, a sequência de partidas foi: Brasil 3 x 1 Inglaterra, nas quartas de final; Brasil 4 x 1 Chile, na semifinal; e Brasil 3 x 1 Tchecoslováquia, na grande decisão.

Nessas duas copas que acabamos de relembrar, de 58 e de 62, as equipes jogavam e deixavam jogar, a marcação não era agressiva, os espaços eram amplos e o ritmo de jogo, lento. Os defensores defendiam e os atacantes atacavam, sem a compactação e a versatilidade do futebol atual. A figura começa a mudar um pouco a partir de 66, copa em que as equipes europeias se apresentaram mais bem preparadas fisicamente. O método em voga era o treinamento total, do belga Raoul de Mollet. A novidade aumentou a velocidade do jogo e, portanto, diminuiu os espaços e tornou a marcação mais agressiva. A Seleção Brasileira e os demais países sul-americanos foram surpreendidos.

Esse foi o cenário em que nasceu a concepção pré-científica no futebol brasileiro. Algumas mudanças que marcaram a época: a inclusão, na comissão técnica, do preparador físico, do assistente técnico, do observador técnico e do supervisor; a ampliação do setor de saúde; a implantação do Torneio Roberto Gomes Pedrosa, em 1967, organizado pelas federações paulista e carioca, com a inclusão dos clubes dos estados do Rio Grande do Sul, Minas Gerais e Paraná.

Capítulo 2
CONCEPÇÕES METODOLÓGICAS NA GESTÃO DOS TREINAMENTOS

2.1 Concepção pré-científica

Os treinamentos são pensados com um propósito: obter resultado, vencer jogos, conquistar campeonatos. Tecnicamente, podem ser descritos como uma sequência de ações motoras e relacionais, respaldadas em finalidades, normas e códigos. Em linhas gerais, a gestão dos treinamentos é determinada por compromissos e acordos, implícitos e explícitos, entre os dirigentes, treinadores, integrantes da equipe técnica e os jogadores de futebol.

Os primeiros modelos de treinamento do futebol brasileiro se baseavam na improvisação. As comissões técnicas eram compostas por treinador, auxiliar de treinador, preparador físico, médico e massagista. Os preparadores físicos, a maioria deles com formação militar, começavam as atividades com uma etapa de aquecimento e, ao término, encaminhavam os jogadores para o treinador. O treinador definia o conteúdo dos treinamentos momentos antes de iniciar a sessão. Em seguida, comunicava as decisões ao auxiliar, e saía ao campo para orientar as atividades. O aquecimento consistia em um repertório de exercícios com movimentos rápidos, como giros, balanços, saltos e chutes. Praticavam-se, frequentemente, as paradas bruscas e as animações ritmadas. Os exercícios incluíam o polichinelo, elevação dos joelhos, agachamentos, apoios, flexões de tronco, corridas, elevação dos calcanhares, extensão de pernas e abdominais.

A maior parte dos jogadores dos times de elite vinha dos campos de várzea – território dos jogos informais. Nos finais de tarde, jovens do subúrbio colocavam pedaços de pau como traves, improvisavam uma bola e jogavam futebol nos terrenos baldios. Predominavam as brincadeiras com a bola, a ginga, a informalidade, o malabarismo, a perspicácia, a malandrice, a liberdade e a destreza. Nos finais de semana, muitos desses jovens se transformavam em jogadores dos clubes suburbanos que disputavam os campeonatos de várzea. Os jogos dificilmente começavam no horário; a torcida era hostil e a violência, apenas parcialmente controlada; os campos, surrados, quase sem grama, marcados por linhas apagadas; a cerveja, um item obrigatório.

Não surpreende, então, que os treinamentos nos times de elite fossem orientados para esse perfil de jogador. O método, se é que podemos falar aqui em método, privilegiava a obediência induzida por funções intuitivas, sintéticas e figuradas. Nas unidades dos treinos técnicos e táticos, os treinadores se valiam dos jogos coletivos com longa e média duração. Os exercícios de finalizações e cruzamentos eram frequentes, além dos tradicionais rachões. Como atribuições gerais, podemos classificá-los como treinamentos convencionais, condutivistas, mecânicos e repetitivos. Muitos treinadores apresentavam um caráter exclusivista e monopolizador, restringiam as ações dos integrantes da equipe técnica, limitavam os processos de relações e rechaçavam com veemência qualquer ameaça de intromissão.

Os sistemas de jogo que predominavam eram o WM e 4-2-4. Alguns treinadores brasileiros implantaram o 4-3-3, especialmente depois da conquista do bicampeonato mundial, em 1962, pela Seleção Brasileira. Nos treinamentos técnico-táticos, os zagueiros treinavam a marcação com posicionamento fixo e exercitavam as coberturas. Os laterais treinavam a marcação, a cobertura e a saída de jogo. O centromédio exercitava avanços, marcação e saída de bola. O ponta de lança treinava avanços mais longos, dribles e finalizações. Os meias, por sua vez, treinavam assistências e dribles, enquanto os pontas exercitavam os cruzamentos e as finalizações. Os treinamentos técnicos e táticos tinham como objetivo manter o equilíbrio defensivo e ofensivo. Quando o time obtinha a posse de bola, procurava a superioridade numérica ofensiva. Quando perdia a bola, corria em busca da superioridade numérica defensiva. Os jogos coletivos (11 x 11) eram frequentes nas semanas de treinamentos. Alguns treinadores tinham o hábito de parar o coletivo em diferentes momentos do jogo, para orientar posicionamentos, marcação, esquema de jogo e desempenhos individuais. Alguns dirigiam treinos técnicos e táticos por setores, e simulavam situações de jogo que envolviam dois ou mais jogadores.

Os jogadores eram talentosos, enquanto os exercícios técnicos e táticos eram limitados, faltando qualidade; as repetições eram estereotipadas; os parâmetros motores, espaciais e temporais se reproduziam de forma homogênea e imutável. Os jogadores, em suma, deviam se adaptar a um modelo de treinamento improvisado para responder às necessidades do time, aos interesses imediatos do jogo, à linha de pensamento do treinador, e, em certa medida, à própria cultura local.

Nos dias reservados aos treinamentos físicos, o preparador físico, indivíduo tipicamente com personalidade forte e disciplinadora, selecionava os conteúdos e comandava as sessões, muitas vezes sozinho: era comum a ausência do treinador nessas ocasiões. Predominavam a ginástica francesa de caráter militar e a calistenia, que consistia num repertório de exercícios físicos com a finalidade de atingir todos os segmentos corporais (cabeça, tronco e membros), normalmente com acompanhamento rítmico. As corridas de resistência, de longa e curta duração, associadas a exercícios abdominais, eram comuns. Os treinamentos intervalados costumavam ter distâncias entre 200 m e 400 m, com intervalos entre 60 e 90 segundos e volume de 15 a 20 repetições. No melhor espírito de improvisação, as arquibancadas do clube eram usadas para subidas repetidas. Os saltos e os exercícios com variações de velocidades também eram comuns. Alguns times empregavam, nessas sessões, os exercícios de força com halteres e coletes com pesos adicionais. Os preparadores físicos mais reconhecidos na época eram respeitados pelos jogadores, às vezes eram até amigos, mas preservavam-se nas relações sociais extracampo.

Esse modelo de treinamento contribuiu para o bicampeonato mundial.

2.2 Concepção científica: mecanicista e tecnológica

Os precursores da concepção científica do treinamento desportivo no futebol brasileiro foram Cláudio Coutinho, Mário Jorge Lobo Zagalo, Admildo Chirol, Carlos Alberto Parreira e Lamartine Pereira da Costa[1], responsáveis pelo planejamento, organização e execução dos treinamentos da vitoriosa Seleção Brasileira de 1970. Antes da Copa, o time de 70 foi considerado pela Organização Mundial da Saúde o mais bem preparado fisicamente.

Esse sucesso não foi fruto de um mero aumento na estrutura da comissão técnica (agora formada por supervisor técnico, treinador, preparador físico, assistente de preparação física, médico e massagista). A mudança, na verdade, foi provocada por muitos fatores, em muitos níveis, que resultaram na adoção da concepção científica. Entre os

[1] Lamartine era um dos mais importantes estudiosos no campo da biometeorologia. Ele havia publicado um artigo sobre treinamento em altitude na revista *Sport International Magazine*, em 1967. Orientou o planejamento dos treinamentos da Seleção Brasileira, no ano de 1970. Para promover a adaptação à altitude, organizou e realizou os treinos com base em conhecimentos científicos.

fatores, destacam-se a conquista do tricampeonato mundial, as inovações metodológicas e tecnológicas, a difusão dos laboratórios de investigação científica nos esportes, os avanços do conhecimento da fisiologia do esforço, a qualidade das produções científicas, assim como o surgimento de novas práticas de treinamento, como Marathon Training, Power Training, Altitude Training, Teste de Cooper, Circuit Training, Interval Training.

O professor Carlos Alberto Parreira, em especial, foi propulsor da concepção científica do treinamento no futebol brasileiro. Sua carreira vitoriosa, com títulos em clubes e o coroamento na conquista do tetra com a Seleção em 1994, simboliza a força do modelo científico no Brasil. Nesse modelo, a dinâmica do jogo muda: a marcação é mais rígida, os movimentos ficam mais rápidos, o ataque é mais potente, e os jogadores percorrem distâncias maiores nos jogos oficiais. Em média, os jogadores percorrem 7,5 km por jogo (no período pré-científico, corriam cerca de 5 km). Assim, os espaços diminuem, os contatos corporais aumentam, a marcação fica mais intensa e constante. O jogador baixo e franzino começa a perder lugar para os jogadores mais robustos, fortes e vigorosos.

Nesse contexto, o conceito do futebol-força impera no pensamento e na prática das comissões técnicas. Os componentes físicos e táticos prevalecem em relação aos técnicos e táticos. Novos sistemas de jogo são introduzidos: o 4-4-2 e o 3-5-2, ambos com variações. Esses sistemas, por sua vez, robustecem o meio e abrem espaços nos lados do campo para jogadores rápidos, fortes e resistentes. A maximização da condição física e a virilidade são quesitos fundamentais para o êxito dos times. No dia a dia dos treinamentos, os esforços são rígidos, repetitivos, intensos, sistematizados e organizados.

O Sport Club Internacional, na década de 1970, foi considerado o time exemplo do futebol-força. O vitorioso preparador físico Gilberto Tim levantou, junto à sala de musculação do Complexo Beira-Rio, muitos troféus. Alguém que estipulou metas a fim de elevar a condição física aos níveis mais altos e possíveis de ser alcançados por cada jogador. Seus treinamentos eram baseados em exercícios de força e resistência. E seus métodos ajudaram o time colorado a conquistar seis campeonatos gaúchos (1971, 72, 73, 74, 75 e 76) e três brasileiros (1975, 76 e 79).

No ano de 1979 o time foi campeão invicto, com a seguinte formação:

Benitez, João Carlos, Mauro Pastor, Mauro Galvão, Claudio Mineiro, Batista (Toninho Oliveira), Falcão, Jair (terceiro homem do meio de campo, com qualidades ofensivas), Valdomiro (Chico Spina), Bira (Adilson) e Mário Sérgio (quarto homem de meio de campo, com características de articulação). A equipe, treinada pelo talentoso estrategista Ênio Andrade, jogava no sistema 4-4-2, com Batista, Falcão, Jair e Mário Sérgio formando um quadrado no meio de campo.

MODELO DOS TREINAMENTOS SEMANAL COM UM JOGO

SEGUNDA	TERÇA	QUARTA	QUINTA	SEXTA	SÁBADO	DOMINGO
MANHÃ	MANHÃ	MANHÃ	MANHÃ	MANHÃ	MANHÃ	MANHÃ
REPOUSO	TREINO INTERVALADO	CORRIDA LONGA NO PARQUE	REPOUSO	REPOUSO	EXERCÍCIOS DE FORÇA RACHÃO	-
TARDE	TARDE	TARDE	TARDE	TARDE	TARDE	TARDE
REPOUSO	CIRCUITO DE FORÇA	REPOUSO	COLETIVO	JOGOS COM FINALIZAÇÕES	REPOUSO	JOGO
NOITE	NOITE	NOITE	NOITE	NOITE	NOITE	NOITE

Na concepção científica, os treinamentos dos componentes físicos, táticos e técnicos permanecem dissociados durante o processo de aprendizagem-treinamento. Os sistemas de jogo são rígidos e as funções dos jogadores, limitadas. E, algo muito característico desse sistema, os programas de treinamento valem para todas as equipes das categorias competitivas do clube. Da formação dos jogadores (base) ao time principal, a metodologia do treinamento é essencialmente a mesma.

A concepção científica agrupou os modelos de treinamento em (1) global e (2) específico.

(1) O modelo global recusa o isolamento dos fenômenos: considera-os conjuntos estruturais inseparáveis. Assim, o treinamento do futebolista se fundamenta na interdependência dos componentes físicos e técnicos integrados à organização coletiva do time. As diferentes vertentes do jogo de futebol, incluindo os fundamentos,

aparecem em todas as etapas dos treinamentos. Nesse caso, opta-se por treinamentos de jogos estruturados ou semiestruturados, em campo reduzido, com variações de espaços e números de jogadores, com regras simplificadas, enfatizando a lógica interna do jogo e o incremento dos componentes táticos, técnicos e físicos. Os modelos de aprendizagem dos elementos técnicos e táticos são adaptados à realidade e às necessidades do jogo de futebol. O modelo prioriza a automatização dos movimentos, as execuções, a fixação da aprendizagem, a variabilidade, o tempo de reação e a transferência do aprendido para as situações de jogo.

Nos treinamentos propriamente físicos, podemos listar os exercícios em circuito (compostos por estações com movimentos específicos do futebol), exercícios de velocidade, coordenação e flexibilidade. Os exercícios de força são orientados em salas com pesos livres e equipamentos com cabos e polias. Há também os treinamentos de resistência continuada de 8 a 12 km, divididos em corridas de tempo livre ou de tempo predeterminado. As corridas longas de tempo livre, na época, se tornavam uma competição interna muito disputada, realizada sob esforços extenuantes. Em São Paulo, eram praticadas no Pico do Jaraguá, no Bosque do Morumbi e no Parque Ecológico. No Rio de Janeiro, os atletas corriam na Subida das Paineiras, na Vista Chinesa e ao redor da Lagoa Rodrigo de Freitas. Em Porto Alegre, tínhamos as famosas corridas do Parque Saint-Hilaire, reserva natural no município de Viamão.

O método de Cooper, criado pelo médico Kenneth Cooper, na década de 1960, utilizado com sucesso pela Seleção Brasileira em 1970, tornou-se popular no futebol brasileiro. O desempenho dos jogadores era avaliado em 12 minutos de corrida. Após as avaliações, os jogadores eram divididos em grupos e os treinamentos eram individualizados por categorias de rendimento. Quem, por exemplo, superasse a distância de 3.500 metros era classificado como jogador de excelente desempenho.

Além do teste de Cooper, os preparadores físicos utilizaram diferentes testes de avaliação física, o que contribuiu para a chegada dos especialistas em fisiologia do esforço. Entre os testes utilizados, temos os testes de velocidade de 30 m e 50 m; teste de abdominal em 1 minuto; testes de força de saltos, verticais e horizontais; teste Flecher, com 10 saltos sucessivos; teste de flexibilidade no banco de Wells; teste de agilidade: corrida de vai e vem; teste de escada de Margaria; teste de Wingate; teste de 40 segundos etc.

Por mais instigantes que fossem as corridas e por mais precisão que as avaliações físicas oferecessem para a prescrição dos treinamentos, a verdade é que os métodos da concepção científica mecanicista dificilmente permitiam aos atletas compreender os objetivos dos treinamentos assim como os princípios e a dinâmica do jogo. Os estímulos eram reduzidos, principalmente quanto ao desenvolvimento dos esquemas motores, da capacidade perceptiva, das competências cognitivas, da subjetividade e do pensamento interativo voltado à busca de alternativas físicas, táticas e técnicas.

(2) Outra linha de treinamento frequentemente empregada na concepção científica é a da especificidade. A preocupação principal, neste caso, é treinar as ações técnicas, os esforços, os sistemas de jogo, as estratégias com caracteres específicos. Quase todas as atividades estão limitadas aos movimentos pontuais do jogo. Levam-se em conta os esforços empreendidos durante as partidas e as necessidades de cada jogador de acordo com seu posicionamento em campo. Fundamentados na análise das demandas fisiológicas, energéticas e físicas, os preparadores físicos, neste modelo, desconsideram as corridas contínuas, as corridas intervaladas e os treinos em circuito. Eles priorizam as ações motoras do jogo, estimulam a força explosiva e a velocidade. Na maioria dos treinos físicos, a bola é um meio instrumental. Além dos físicos, os treinamentos técnicos e táticos também são adaptados às especificidades motrizes do jogo, ao posicionamento do jogador e à estrutura de jogo do time.

Como podemos notar, o movimento, tomado como processo regulável, é um conceito-chave para entender as diretrizes da linha específica. Com base em modelos de funcionamento, os treinamentos são dirigidos para a programação das ações técnicas específicas e para os sistemas de jogo. Esse é um dos motivos por que este método não é apreciado pela teoria sistêmico-ecológica, a qual entende o desenvolvimento técnico e tático como um processo de autorregulação adaptativa, independente de padrões cognitivos. Na concepção científica (mecanicista e tecnológica), a informação é processada tanto na análise dos jogos como nos estudos espaciais e cinemáticos. As informações quantitativas (estatísticas) são essenciais para as comissões técnicas e os setores de saúde, e indispensáveis na condução dos treinamentos e análise dos jogos.

O modelo científico trouxe diferentes especialistas para os departamentos de futebol. O treinador de futebol foi profissionalizado segundo a lei federal 8.650/93, e o setor técnico se formava por treinador, assistentes técnicos, preparador físico, assistentes de preparação física, treinador de goleiros e analista de desempenho. O setor de saúde era composto por médicos, fisiologista, psicólogo, assistente social, nutricionista, odontologista, fisioterapeuta, além de outros profissionais especializados.

Nesse contexto, considera-se o jogador de futebol uma unidade composta de partes. E cada parte é tratada pelo especialista correspondente. O especialista, seja do setor técnico ou de saúde, atua por conta própria – a comunicação e a integração entre áreas é bastante restrita. Cada problema permanece atomizado em sua especialidade, de modo a prejudicar, e por vezes a eliminar, as relações dentro do departamento de futebol. Aportam-se intervenções, diagnósticos e procedimentos desde o ponto de vista da unidisciplinaridade (ou seja, temos uma concorrência de visões unilaterais). Esta configuração estrutural-funcional favorece os seguintes fenômenos: o monopólio do poder pelos treinadores; o notório saber dos especialistas, muitas vezes dissociados da realidade do futebol; a fragmentação; o individualismo; a rivalidade provocada entre integrantes da equipe técnica e o setor de saúde; as apreciações reducionistas e as sínteses mecanicistas.

Em poucas palavras, é um treinamento que não favorece a espontaneidade do futebolista na hora de tomar decisões. Suas atitudes criativas, reduzidas, contrastam com as excessivas responsabilidades atribuídas ao jogador desde a fase de formação. O que temos aqui são modelos prontos e acabados, que se valem da autoridade da comissão técnica, muitas vezes exclusiva do treinador, enquanto que aos jogadores de futebol cabe tão somente a reprodução. A cognição, ou seja, o aprendizado do jogador para além do adestramento mecânico, é pouco estimulada durante o processo formativo. Liberdade e espontaneidade, aos poucos, se tornam palavras vazias.

A visão unidisciplinar ponto de convergência e de expressão da concepção científica com fundamentação mecanicista e tecnológica, produto da conjugação do empirismo[2] e do racionalismo[3], já provoca controvérsias no atual cenário do futebol. Muitos profissionais com experiência no esporte, por meio de dialética teórico-prática, estão rompendo as barreiras da unidisciplinaridade e encontrando soluções de maior eficácia, sempre abastecidos por diferentes abordagens, tanto conceituais como práticas. Cada um, ao seu modo, está ajudando a consolidar ideias e ações que ultrapassam o conhecimento produzido por disciplinas isoladas.

[2] Doutrina filosófica que encara a experiência sensível como única fonte fidedigna de conhecimento.

[3] O racionalismo enfatiza a razão como fonte de conhecimento, começa com princípios *a priori*, ou verdades autoevidentes, e usa o método dedutivo.

2.3 Concepção científica: sistêmico-ecológica

Tanto a concepção pré-científica como a científica surgiram pela observação dos comportamentos, ideias, práticas dos treinamentos, competições e do ambiente geral do futebol brasileiro. A concepção sistêmico-ecológica, em particular, surgiu no final dos anos 1990, com João Paulo Medina. Os estudos de Medina propõem uma nova concepção da gestão técnico-funcional nos departamentos de futebol. Estabelece, em linhas gerais, a construção teórica globalizante, o trabalho cooperativo de diferentes especialistas, a interação das ações – sem, no entanto, danificar a autonomia dos especialistas e dos respectivos setores do departamento de futebol.

Sua concepção propõe o uso de mecanismos de integração dos atributos objetivos, técnicos, táticos e físicos. Leva em conta, também, aspectos considerados subjetivos, como crenças, religiosidade, espiritualidade, cultura, costumes, tradições, emoções, sentimentos, valores, intuição, entre outros. Essa abordagem é chamada de transdisciplinar, e muda radicalmente a tradicional concepção científica, que pressupunha a estrita objetividade da realidade, sem espaço para conteúdos subjetivos. Representantes que se aproximam dessa linha, os conceituados autores portugueses José Mourinho, Victor Frade e Julio Garganta pensam o futebol como uma rede complexa e não linear, que se estrutura por ligações e conexões auto-organizadas. Eles introduzem, nos programas de treinamentos, situações-problema, justamente para provocar novas adaptações nascidas da dinâmica entre o futebol e seu contexto.

Muitos treinadores brasileiros, principalmente os oriundos das categorias de base, estão se aprofundando nessa concepção. Eles têm criado vínculos com os treinadores de outros clubes e outros países, além de participarem de cursos de atualizações, intercâmbios e visitas técnicas e estágios profissionais. São profissionais, em geral, muito interessados por publicações referentes a concepções táticas, progressões técnicas e metodologias de treinamentos.

Se antes privilegiávamos a especialização a tal ponto que as paredes de cada área se tornavam intransponíveis, pouco a pouco, com as linhas sistêmico-ecológicas, amparadas no diálogo, na descoberta, na subjetividade, na cooperação, na criatividade, na consciência dos princípios e estratégias do jogo, novos ares começam a circular no ambiente futebolístico. A consideração das condições ambientais, da imprevisibilidade das situações do jogo, do contexto sociocultural, do modelo de jogo, das relações interpessoais, das estratégias de decisão, dos espaços e da percepção futebolística são aspectos relevados por esse tipo de treinamento.

Aqui, o modelo de jogo respeita as características e habilidades individuais e introduz diferentes etapas de aprendizagens para a construção das dinâmicas de movimentações. O treinador procura orientar e apoiar os jogadores para inseri-los nos seus princípios e conceitos de jogo. Aparecem, assim, novas terminologias, distribuição de cargas e conceitos. Nos princípios defensivos: cobertura, controle, equilíbrio, pressão, compactação e concentração. Nos princípios ofensivos: infiltração, rapidez, profundidade, amplitude, improviso e mobilidade. Os sistemas de jogo são diversificados: 1-4-2-4; 1-3-4-3; 1-4-3-3; 1-3-5-2; 1-4-3-2-1; 1-3-6-1; 1-5-3-2; 1-4-5-1; 1-3-6-1; e o 1-4-4-2. Busca-se contemplar, de maneira equilibrada, os princípios e as transições ofensivas e defensivas. A ideia é formar um time altamente competitivo, com equilíbrio entre as características individuais dos jogadores e os esforços. Nesse modelo, a qualidade e a velocidade dos passes, movimentação e as transições são pontos importantes. Busca-se, ainda, promover a mobilidade, velocidade, infiltração e agressividade, organizando treinos de curta duração, muita qualidade e alta intensidade.

A comissão técnica treina a organização do jogo e os princípios primários para enfrentar situações de complexidade: posicionamentos, circulação da bola, fintas, dribles, criatividade, improviso, decisão em situações variáveis – em suma, a espontaneidade, o diálogo e a autonomia dos jogadores são valorizados dentro de uma proposta de jogo. A projeção do modelo de jogo se dá de maneira integrada: o rendimento e o aprendizado do jogador se associam ao contexto e aos outros jogadores. A intensidade física nas movimentações e o alto nível de atenção e concentração é um quesito básico nos treinamentos. A percepção dos jogadores, nesse caso, é crucial, enquanto os treinamentos estimulam o autoconhecimento e a cultura de jogar sem a posse de bola. É um modelo que parte da complexidade, da qualidade e da intensidade, sem redução a partes elementares, e que permeia a consciência e a inteligência, de modo a abranger comportamentos individuais e coletivos.

O objetivo é promover o desenvolvimento e a interação das expressões técnicas que fazem parte da estrutura específica do jogo, das táticas individuais e coletivas e dos princípios ofensivos e defensivos. O treinamento de pequenos jogos, em espaço reduzido (¼; ½; ¾ do campo de jogo) e contextos diferenciados (sempre com a presença do elemento tático), possibilita o aprendizado das ações específicas, das partes do plano de jogo sob a pressão permanente do opositor. Nos jogos de treinamentos de 11 x 11 e 10 x 11 (¾ ou campo inteiro), o jogador é preparado para participar efetivamente do todo do plano de jogo, da organização ofensiva e defensiva, e das transições da defesa para o ataque assim como do ataque para a defesa.

Na organização prática dos exercícios, enfatiza-se a repetição sistemática do plano de jogo, a variabilidade das ações, o treinamento posicional, a percepção visual, as condições de complexidade e as incitações cognitivas, isto é, a capacidade perceptiva do jogador de ocupar e criar espaços livres, buscando, no ambiente, elementos que informarão suas decisões e iniciativas.

A preservação dos saberes da cultura futebolística do passado é notada quando destacados treinadores, com projeção mundial, apresentam nas suas propostas de jogo a busca da superioridade numérica, povoando a zona central do meio de campo com jogadores criativos e com destacada habilidade técnica. Algumas dessas concepções atuais sobre o plano de jogo são comparáveis aos ensinamentos de Abílio dos Reis, um reconhecido formador de craques, treinador das categorias de base do Sport Club Internacional nas décadas de 1960 e 1970.

Para a formação continuada dos jogadores, são resgatados os padrões dos treinamentos informais da concepção pré-científica, os quais permitem ao jogador construir esquemas motores aplicáveis a situações imprevisíveis. O teórico dialético diria que aí está uma prova da conservação dos elementos amadores originais: admite-se agora que muitas das concepções táticas do passado, assim como a liberdade, as brincadeiras com a bola, a perspicácia, o malabarismo, a destreza e a informalidade no conjunto das ações motoras, contribuem para o desenvolvimento das faculdades perceptivas, coordenativas, cognitivas e relacionais. A ideia de uma construção continuada das ações coletivas (pela abertura à espontaneidade e à criatividade) encontra respaldo prático nos exercícios sistemáticos de interação – tanto de natureza defensiva como ofensiva.

A interação das comissões técnicas com o apoio técnico, o setor de saúde, a administração e os funcionários é mais efetiva e mais rica. Os dados selecionados pelos setores de apoio técnico (vídeos e informática) são utilizados com formato qualitativo e têm papel didático em análises detalhadas, tanto por indivíduo como por setor, para buscar alternativas e apontar correções. A preparação física relaciona as áreas pedagógica, psicológica, biomecânica e fisiológica na organização dos treinamentos. Estabelece interações e relações entre os especialistas do setor de saúde e jogadores, o que contribui para mudanças no comportamento e nos desempenhos pessoais.

Os treinamentos físicos deixam de ser um componente isolado e passam a integrar a totalidade dos conteúdos de treinamento. O desempenho de um time é resultado do equilíbrio integrado de domínios físicos, táticos, estratégicos, técnicos e psicológicos, todos vivificados nas condições concretas da proposta de jogo. Já o rendimento físico é interdependente com a proposta de jogo, as estratégias táticas, a organização coletiva, o potencial das habilidades técnicas, o desenvolvimento das capacidades de percepção e de decisão, e o estado de prontidão do grupo. Todos os conteúdos dos treinamentos, quando treinados simultaneamente e respeitados os princípios de cargas, influenciam os processos de adaptações.

As adaptações neuromuscular e físico-energética obedecem a um plano conexo sobre a especificidade dos esforços, provocadas pela progressão e acumulação das cargas. O preparador físico estabelece, em conjunto com os integrantes da comissão técnica, as programações semanais, incluindo a frequência dos treinamentos. De acordo com os conteúdos dos treinamentos, são decididos o volume, a intensidade, a duração e a densidade das cargas. Em conjunto com o setor de fisiologia, são estabelecidos os protocolos de controles dos efeitos quantitativos das adaptações e do estado de fadiga. O objetivo é cultivar, entre os jogadores, a consciência corporal, o diálogo interno, a leitura corporal, o autoconhecimento e o estímulo à verbalização por meio dos instrumentos de controle qualitativo das avaliações subjetivas dos índices de fadiga, antes e depois dos treinos. Com isso, busca-se avaliar a intensidade dos esforços e do tempo de recuperação após treinos e jogos, mediante a autoconfiguração do estado de treinamento do jogador. A metodologia do treinamento não depende da maximização da força, da velocidade e da resistência, e busca, no lugar disso, aperfeiçoar as especificidades dos componentes psico-físico-motores, tomados aqui não como partes isoladas, mas como atributos do jogador vivo, em movimento. Os impactos de adaptações do treinamento então estimulam o desenvolvimento global do desempenho e são estimulados reciprocamente.

A linha sistêmico-ecológica, com base nesses postulados teóricos e práticos, é uma novidade no cenário profissional. Ela está levando as comissões técnicas, os setores de saúde e os jogadores de futebol de uma atitude limitada por padrões rígidos a uma postura mais crítica e aberta. Seu aparecimento não é acidental, mas está em consonância com mudanças epistemológicas ocorridas no século passado, seja no plano das ciências exatas, seja no das disciplinas sociais e humanas. Conceitos como mecanicismo e a razão instrumental (grosso modo, o raciocínio linear com base em modelos e finalidades inflexíveis, dominantes) cedem espaço a uma reflexão aberta à controvérsia, cooperativa sem deixar de ser competitiva, organizada, porém receptiva ao diálogo interno e externo.

Conferência na Terceira Cúpula de Treinamento de Alta Performance

Palestra em painel da Florida Cup, em Orlando, EUA

Curso para treinadores de futebol na cidade de Guangzhou, na China

Curso sobre treinamento desportivo aplicado ao futebol no Comitê Olímpico da cidade de Nanquim, na China

Palestra sobre os valores e príncipios do futebol para alunos de uma escola privada da cidade de Macau

Curso para treinadores na Associação de Futebol de Cingapura

Capítulo 3

OS PRINCÍPIOS GERAIS DOS TREINAMENTOS PARA O FUTEBOL

3.1 Os significados dos treinamentos para a prática do futebol

O futebol é um jogo esportivo coletivo. Suas características são os esforços intermitentes, de oposição e de cooperação. O espaço do jogo de futebol é variável: os campos têm tamanhos diferentes, os adversários e os companheiros são indivíduos singulares, os pisos são diversos (tipos de grama, densidade do solo, nivelamento do terreno raramente se repetem) e os fatores climáticos, como vento, chuva, sol, orvalho, transformam a atmosfera de cada partida.

O repertório de movimentos também é diversificado. O atleta usa todas as partes de seu corpo. Usa os pés para realizar os deslocamentos, do mesmo modo que o faz para controlar a bola, passar, driblar e chutar. Usa a visão e a percepção em geral para se situar no campo em relação aos companheiros, aos adversários e, sobretudo, à bola e às metas de gol. O jogo de futebol estabelece uma linguagem motora exclusiva, com respostas abertas, que exige coragem e precisão nas tomadas de decisões, um apurado nível de percepção espacial, habilidades cognitivas e predisposição para renúncia individual em favor do coletivo. Portanto, para solucionar os problemas presentes do jogo, de forma rápida, eficaz e criativa, o jogador de futebol deve ser preparado para um ambiente complexo e incerto. Deve ter alto nível de capacidades técnica, tática, física, emocional e cognitiva para elevar o desempenho em um modelo de jogo específico.

O treinamento no futebol deve levar em conta essa realidade. Deve provocar adaptações para os jogadores enfrentarem coletivamente as situações do jogo e superarem os adversários. O treinamento no futebol precisa promover adaptações aos jogadores para que superem seus adversários sempre levando em consideração o enfrentamento coletivo das diversas situações distintas do jogo. Um aprendizado cujo objetivo máximo é vencer jogos e ganhar campeonatos. Ao treinar, o atleta desenvolve o equilíbrio integrado dos componentes físicos, técnicos, táticos e cognitivos, condicionados aos fatores psicológicos, sociais e culturais. Treinar aumenta as capacidades perceptivas e relacionais, desenvolve a leitura de jogo, otimiza a força e a velocidade, melhora a tolerância à fadiga, e torna o emprego dos recursos técnicos mais objetivo.

Os treinamentos seguem princípios definidos e inter-relacionados, que devem ser entendidos na sua unidade lógica, como preceitos fundamentais que norteiam os objetivos, os conteúdos, os meios, os métodos e os ciclos de preparação de jogadores e times de futebol. Os princípios têm como finalidade o entendimento da complexidade do jogo, os alvos dos treinamentos e das recuperações e o alcance do máximo rendimento competitivo do time. Abaixo, enumero os princípios e os subprincípios dos treinamentos, sem ordená-los necessariamente por importância.

3.2 Princípio do comportamento competitivo

O comportamento competitivo é um princípio básico do alto desempenho e do êxito no futebol. Durante o processo formativo, os futebolistas dos departamentos de base são condicionados a lutar diariamente pela permanência na base, pela titularidade no time e pela ascensão à categoria superior. No decorrer da carreira, eles são motivados a competir no ambiente interno contra os companheiros de time e contra as próprias limitações. No ambiente externo, dentro de campo contra os adversários, e fora de campo contra a pressão dos torcedores e da mídia. Muitos jovens jogadores, quando dotados de um diferencial técnico, são excessivamente protegidos por empresários, comissões técnicas e dirigentes. As benesses são superlativas e desproporcionais, as exigências são brandas dentro e fora do campo, e o paternalismo é acentuado. Esses privilégios desestimulam o espírito de luta, geram dependência e impedem a autonomia. Eles, em suma, afetam a conduta competitiva e dificultam a ascensão profissional.

Na cultura do futebol de alto rendimento, devem predominar: a obediência com liberdade e criatividade; a dedicação e o esforço; e o desejo de jogar, excepcionalmente. Junto a isso, deve prevalecer o espírito comum, derivado dos treinamentos, das experiências e da conscientização dentro do próprio grupo. Os jogadores devem compreender que o fim maior é o mesmo para todos. Em linhas gerais, os times que competem em alto rendimento têm em comum: qualidade e objetividade nos treinamentos; treinadores coerentes e rigorosos em relação ao comportamento tático; coragem dos integrantes das comissões técnicas, principalmente do treinador, para decidir; acatamento geral das normas disciplinares; respeito mútuo entre os integrantes do departamento de futebol; renúncia do individual em favor do coletivo.

3.2.1 Subprincípio da superação

A superação exige coragem, renúncia e disciplina. Pensando nisso, as comissões técnicas devem orientar os treinamentos com qualidade metodológica, responsabilidade e firmeza. Na mesma linha, elas devem dividir responsabilidades entre os jogadores, estabelecendo reciprocidade, confiança e segurança. Ainda, é importante que as comissões provoquem desafios, inquietações e conflitos, com fundamentos sustentáveis para os jogadores percorrerem uma trajetória profissional com um destino imprevisível e movediço. Os treinos devem provocar uma atitude combativa, autônoma, dinâmica e libertadora. As experiências de entrega, disciplina e desafio levam à autocompreensão e à maturidade psicoemocional. Isso os habilita a renunciar aos impulsos que prejudicam o rendimento competitivo e o crescimento profissional.

3.2.2 Subprincípio da consciência agonística

Com a consciência agonística, o jogador percebe, sente e usa o corpo como um instrumento dinâmico para obter êxitos no futebol. O corpo do futebolista não se revela apenas como um ser de domínio físico, mas como um ser total constituído pela interação da consciência com os elementos orgânicos.

A consciência agonística se forma pela sistematização e pela clareza das orientações pedagógicas. As ideias e os bons exemplos dos treinadores e da equipe de trabalho, no cotidiano dos treinamentos, ajudam a formar esse tipo de consciência.

Os jogadores que se relacionam conscientemente com o seu corpo interagem com companheiros, harmonizam a vida profissional com a vida privada, cuidam da alimentação e descansam mais. Realizam, por si próprios, as tarefas de treinos individuais com a exata compreensão dos objetivos. Eles alimentam desejos e superam limites.

A consciência agonística ajuda as ações individuais a se combinarem com efeitos coletivos. Os esforços pessoais interagem com o todo. Essa consciência também fortalece os sentimentos de eficácia, autoafirmação, autoimagem e autoestima. Estabelece a responsabilidade compartilhada para que as aspirações do coletivo prevaleçam sobre o individual. No interior do grupo, a boa convivência voltada para atitudes agonísticas e para o desempenho excelente muda o ambiente e contribui à eficiência.

3.2.3 Subprincípio dos mecanismos reguladores

Nos treinamentos, as pressões internas são diárias. Nos jogos, por outro lado, pressões internas e externas se combinam. Externamente, o imaginário dos torcedores exige que os times vençam sempre. Sem vitórias, aumenta a incompreensão e a intolerância. Os jogadores de futebol vivem, portanto, imersos num ambiente de tensão. O rendimento cai quando os jogadores não estão preparados para controlar e evitar os prejuízos dessas forças de cobrança e de pressão.

Os clubes fixam, em seus estatutos e regulamentos, mecanismos para regular o comportamento de suas equipes, treinadores e jogadores. Os procedimentos das comissões técnicas, durante os treinamentos, buscam influir no comportamento dos jogadores: são meios de regulação para o desempenho competitivo. Quando essas normas e regras são observadas, aumentam as chances de se chegar ao equilíbrio comportamental do time e à autonomia das individualidades. Essas medidas possuem natureza e objetivos diversos. Elas dependem do tipo de conduta esperada do jogador em determinado momento.

O treinamento no futebol se apoia nas inter-relações dos fatores de rendimento. Usa a pedagogia do modelo e da norma para aprimorar a organização e a disciplina, e para fomentar a compreensão e a entrega dos jogadores. Essas ações de treino e de disciplina regulam e contêm as bases do comportamento coletivo para se chegar à excelência e ao sucesso competitivo.

Quando os mecanismos reguladores são respeitados, o grupo responde positivamente. Times equilibrados costumam ter os seguintes valores e hábitos: concentração, diálogo, transparência e confiança. A incorporação desses valores faz com que o jogador ganhe autoconhecimento. Ele produz uma força formativa para superar as adversidades e controlar a pressão competitiva. Proporciona a segurança indispensável para os jogadores encontrarem o prazer e a descontração no decorrer do jogo.

3.3 Princípio do domínio da idade nos ciclos de treinamentos

O domínio da idade é empregado nos ciclos de treinamentos de longa e média duração. Utiliza diferentes métodos e técnicas para provocar no jogador adaptações efetivas, duradouras e integradas dos seguintes componentes: coordenativos, condicionais, cognitivos e psicológicos. Esse princípio estabelece relações entre as idades cronológica e biológica[4], estimula diferentes tipos de adaptações e provoca reservas de treinamentos.

Normalmente, os jogadores com idade inferior a 16 anos são selecionados para as categorias de base em

[4] A idade biológica é estimada por meio da maturação, apurada através do desenvolvimento do sistema esquelético e das características sexuais secundárias

função da força muscular, robusta estrutura esquelética e ações técnicas diferenciadas. Nesses casos, rapidamente alcançam posições de titularidade nas equipes. Exatamente por possuírem as características físicas dos adultos, são o trunfo competitivo dos times. Enquanto isso, meninos com maturação normal ou retardada ficam em desvantagem. Frequentemente, ocupam posições secundárias nas equipes, e muitos, ainda que vocacionados para o futebol, são excluídos dos grupos. O ponto de virada ocorre justamente quando começam os treinamentos com progressão de cargas, na etapa em que o jogador apresenta equilíbrio entre a idade biológica e a cronológica. Nesse período de transição, aqueles jogadores que se destacavam nas divisões inferiores por maturação adiantada não são promovidos para as categorias superiores ou passam a ocupar posições secundárias. As vantagens competitivas deixam de existir, e agora o que vale são as potencialidades das adaptações alcançadas com a versatilidade, continuidade e as reservas de treinamentos.

3.3.1 Subprincípio da versatilidade

Esse subprincípio compreende a diversidade de destrezas coordenativas, variação de cargas, pluralidade de fundamentos técnicos e vivência de outra modalidade esportiva. A versatilidade fornece estruturas de base para o alcance de níveis elevados de especialização técnica.

São usados jogos e exercícios multilaterais, com ocupação diversificada de espaços defensivos e ofensivos, excitando a criatividade, com regras modificadas e diferentes padrões de movimentos. A versatilidade provoca adaptações para, a médio e longo prazo, melhorar as disposições das ações específicas do jogo. São treinados movimentos de padrões técnicos e táticos tanto simples quanto difíceis, além das demandas de capacidades motoras: das rudimentares às mais complexas. Os estímulos progridem, com aumento gradativo da velocidade de raciocínio para as tomadas de decisões; exigem-se variações equilibradas de esforços e descansos para tolerar níveis médios de fadiga.

3.3.2 Subprincípio da continuidade

De acordo com esse subprincípio, a continuidade gradual dos conteúdos e das cargas de treinamentos é estruturada segundo a idade e os ciclos do treinamento. Os componentes perceptivos, integrados às proficiências físicas e técnicas, são usados de acordo com as seguintes regras: ações motoras, começando pelas simples em direção às mais complexas; situações para resolução de problemas simples para os mais difíceis; atividades conhecidas para as desconhecidas; qualidade dos estímulos para a quantidade de estímulos; volume versus intensidade dos estímulos.

3.3.3 Subprincípio das reservas de adaptações

Serve para reter os efeitos acumulativos das adaptações adquiridas nos treinamentos realizados na infância e adolescência. Baseia-se na sistematização das atividades de força e velocidade com os componentes coordenativos, durante os treinos na infância e adolescência. A continuidade dos estímulos coordenativos e condicionais provocam adaptações para tarefas motoras simples, quando regulada pela fase sensitiva. Em idades mais avançadas, as reservas dos treinamentos são transferidas positivamente para tarefas complexas.

3.4 Princípio da progressão de cargas

Esse princípio controla as cargas, a interação dos componentes físicos e técnicos, a recuperação e as suas respostas de adaptação nas diferentes etapas dos treinamentos. A carga é representada pela relação da intensidade, densidade e duração dos estímulos. No encadeamento da progressão das cargas, são considerados o volume (duração e número de estímulos por unidade de treinamento) e a frequência dos treinamentos nos microciclos semanais.

3.4.1 Subprincípio do heterocronismo da recuperação

Esse subprincípio está relacionado ao descanso. Busca otimizar o equilíbrio entre o tempo de recuperação e os esforços acumulados nos treinamentos e jogos. É ajustado ao estado de treinamento do jogador e ao nível da sobrecarga aplicada. No decorrer da temporada, a qualidade dos procedimentos de recuperação, por meio da supercompensação, determina a progressão e a manutenção do rendimento individual e coletivo dos jogadores.

Entre as unidades de treinamentos, os descansos são classificados em curtos, médios e longos. Os curtos, entre 6 e 24 horas, são utilizados após as unidades de treinamentos; os médios, entre 24 e 36 horas, são empregados após os jogos; os longos, de 15 a 30 dias, são empregados entre as temporadas. Nas unidades de treinamentos, o tempo de recuperação de até 1 minuto entre os estímulos é considerado curto, entre 1 e 3 minutos é considerado médio, e acima de 3 minutos, longo. O aumento consistente e planejado das cargas durante as fases não deve seguir um gráfico linear, mas sim uma curva sinuosa. A qualidade do tempo de recuperação estabelece a supercompensação. Se os esforços seguintes se efetuam durante a fase de supercompensação e a níveis gradualmente elevados, as capacidades funcionais aumentam correspondentemente. Os objetivos dos processos de recuperação devem abranger os níveis neuromuscular, metabólico-energético e psicológico.

3.4.2 Subprincípio da interdependência do volume e a intensidade

O volume está relacionado com a frequência dos treinamentos semanais, a duração dos treinamentos e a quantidade de estímulos. O período da pré-temporada é caracterizado pela acumulação de cargas: há mais unidades de treinamentos e mais estímulos. As adaptações provocadas nessa fase são consideradas gerais ou estruturais. No início do período competitivo, o volume dos treinamentos é reduzido e os estímulos são mais intensos e específicos. Os impactos adaptativos resultam da sequência de treinamentos e da frequência dos estímulos, somando-se a especificidade e a intensidade das ações. A interdependência da quantidade de ações específicas com a intensidade provoca adaptações para um desempenho superior no futebol.

3.4.3 Subprincípio da continuidade e repetição

A continuidade das unidades de treinamentos com o aumento progressivo de cargas gera alterações transitórias dos componentes físicos, técnicos, táticos e cognitivos. A durabilidade dessas adaptações depende do total de treinamentos, da sequência gradual das repetições e da objetividade dos métodos e meios empregados durante os treinos. As ações técnicas e táticas são automatizadas pela amplitude do período de treinamentos e do número crescente e gradual de repetições. A repetição planejada e ordenada das ações de jogo aprimora as especificidades da velocidade, força e resistência. Somente as repetições frequentes, o aumento temporário de cargas e a prática sistemática dos esforços específicos, movimentações técnicas e táticas do modelo de jogo poderão provocar adaptações sistêmicas dos componentes coordenativos, condicionais, cognitivos e relacionais.

3.5 Princípio de construção do modelo de jogo

A construção do modelo de jogo é fundamentada na filosofia, nos conceitos e ideias dos treinadores, integrantes da comissão técnica e jogadores. Atende as características técnicas, táticas, físicas, cognitivas e psicológicas. Depende também do nível técnico e de compreensão dos jogadores disponíveis para pensar e propor o jogo. Por meio das estruturas de bases gerais, fundamentais e específicas, busca o equilíbrio defensivo e ofensivo, reforça os processos de transição e prepara a organização do time.

3.5.1 Subprincípio defensivo

No momento em que o time perde a posse da bola e inicia a transição defensiva, alguns times optam pelo encurtamento dos espaços e pela pressão sistemática pela posse de bola. Agressividade no pressing: pressão intensa depois da perda da bola. Outros times optam pelo rápido posicionamento defensivo; simultaneamente, acontece a organização, a busca pelo equilíbrio defensivo (compactar, manter os setores e as linhas próximas) e, por último, a defesa em um determinado esquema dentro do sistema de jogo empregado.

3.5.2 Subprincípio ofensivo

Quando a equipe retoma a posse de bola, a primeira fase é a transição, seguida da estruturação e da progressão ofensiva, que se dá por contra-ataques e pelo jogo direto, vertical e rápido, ou por meio do posicionamento de jogadores próximos ao jogador que detém a posse de bola. No futebol, a bola e os passes são os responsáveis por imprimir velocidade; o time encontra o equilíbrio mantendo a posse de bola através de passes rápidos e perdendo poucas bolas. Por último, em função dos espaços e das características específicas dos jogadores, se dá o ataque a partir de um determinado esquema dentro do sistema de jogo empregado.

3.5.3 Subprincípio de sistemas táticos

Os preceitos táticos são as diferentes formas de posicionamento dos jogadores, submetidos a um conjunto de ações orientadas pelos treinadores com a efetiva participação dos jogadores, para executar um plano de jogo e superar o adversário. Inclui os exercícios de posicionamento e movimentação de jogadores em bolas paradas para o preparo de jogadas ofensivas ou defensivas. Os esquemas de jogo são praticados para definir a movimentação e disposição dos jogadores em um determinado sistema.

Os sistemas mais utilizados com foco na organização das linhas e entre as linhas, ultimamente, são: 1-4-2-4; 1-3-4-3; 1-4-3-3; 1-3-5-2; 1-4-3-2-1; 1-5-3-2; 1-4-5-1; 1-3-6-1; e o 1-4-4-2. Eles têm as seguintes variações: duas linhas de quatro; dois volantes e dois meias que formam um quadrado; três volantes e um meia que formam um losango.

3.6 Princípio dos processos cognitivos

Esse princípio representa o conjunto das ideias básicas que levam o time ao elevado desempenho no jogo.

Está presente nas falas antes, durante e depois de treinamentos e jogos.

Quando essas falas estão interligadas à complexidade dos conteúdos, exercitados nas unidades diárias dos treinos, elas, efetivamente, contribuem para a formação e o desenvolvimento das estruturas cognitivas no jogador de futebol. Isso aprimora a percepção, o raciocínio, a capacidade de decidir e resolver problemas.

Com isso, o time amplia a inteligência coletiva, conseguindo ler e interpretar com rapidez as ações individuais dos adversários, as atitudes coletivas do próprio time. Assim, o time chega a soluções criativas para as diferentes questões do jogo, construindo propostas de jogo consistentes, mas dinâmicas.

3.6.1 Subprincípio da concentração

A concentração dos jogadores depende em boa parte da atitude e da disciplina impostas pela comissão técnica no dia a dia dos treinamentos. É importante que os objetivos estabelecidos sejam claros e precisos para que os jogadores saibam o que fazer e por que fazer.

Os conteúdos dos treinos são divididos em partes, e o foco, direcionado para uma tarefa específica. Ao final de cada parte, para evitar o cansaço e a falta de atenção, são recomendadas breves pausas. O foco e atenção são exigências básicas para aumentar o nível de concentração e devem estar presentes no conjunto de todas as ações que são relevantes para uma determinada tarefa. Através da continuidade e das repetições, o nível e o tempo de concentração evolui gradativamente. O time deve estar preparado para manter um alto nível de concentração, elevar o pensamento às tarefas objetivas do jogo e ser capaz de abstrair incitações internas ou externas irrelevantes.

3.6.2 Subprincípio da consciência tática

A consciência tática é o resultado de um processo de aprendizagem que leva o jogador a perceber, visualizar e interpretar as ações da partida. As ideias, o papel e a atuação dos treinadores são essenciais para que os jogadores confiem, treinem e pratiquem as propostas táticas e a concepção de jogo. Para tanto, os jogadores precisam ser atraídos a acreditar e gostar daquilo que fazem para praticar, o que, por sua vez, os fará ler e responder questões do jogo de modo a, rapidamente, tomarem iniciativas próprias para uma proposta coletiva. As informações devem ser sempre claras, sintéticas, parciais, objetivas e muitas vezes particularizadas, uma vez que existem diferenças no nível de percepção entre os jogadores. Alguns assimilam as informações com mais facilidade enquanto outros possuem uma percepção mais limitada.

As tecnologias da informação e comunicação, em especial o vídeo, com participação interativa entre treinador e jogadores, são consideradas, atualmente, riquíssimas ferramentas didático-pedagógicas para reforçar os processos de aprendizagem e estimular a formação da consciência tática.

3.6.3 Subprincípio da compreensão

Significa entender, respeitar e pôr em prática os princípios dos treinamentos para melhorar o desempenho individual, fortalecer o comportamento coletivo, internalizar os significados da complexidade do jogo, perceber uma melhora do aprendizado de um treino para outro e treinar exaustivamente.

O desenvolvimento da compreensão possibilita aos jogadores perceberem a dinâmica e os significados das atividades propostas para a construção de um modelo de jogo. Instiga o jogador a assumir responsabilidades individuais com o pensamento direcionado para o desempenho coletivo. Estimula a disposição mental para pensar, jogar, treinar, agir e descansar. E, como resultado, o grupo de jogadores passa a dar importância aos treinamentos, à dinâmica do jogo, à importância do sono, à qualidade da alimentação e à necessidade de cuidar de todas as particularidades dentro e fora das quatro linhas para a excelência do rendimento individual e coletivo.

Curso sobre treinamento desportivo aplicado ao futebol para professores e acadêmicos de educação física em Pequim, na China

Capítulo 4

Estrutura e organização dos treinamentos no futebol

4.1 O significado do treinamento esportivo orientado para o futebol

O treinamento no futebol é um processo pedagógico continuado, cuja finalidade é maximizar o rendimento do time e preparar o jogador para melhorar o desempenho competitivo, de modo integrado, dos componentes técnicos, táticos, físicos, cognitivos e psicológicos. Assim, espera-se que os jogadores joguem, pensem e executem, com qualidade e eficácia gestual, um número indeterminado de ações interativas em alta intensidade, durante um longo período de tempo.

Antes se privilegiava a área biológica para a estruturação, organização e aproveitamento dos conteúdos de treinamento e para provocar contínuas adaptações. Agora, são incluídas na mesma dimensão as áreas pedagógica, psicológica, biomecânica e fisiológica na planificação dos treinamentos. Consideram-se como aspectos relevantes para a estruturação e seleção dos conteúdos os objetivos delineados para as divisões competitivas, a história da agremiação, o calendário das competições, as condições ambientais, o conceito de futebol, o modelo de jogo, as características comportamentais e a experiência dos jogadores. Recusa-se a maximização da força, da velocidade e da resistência, e busca-se, no lugar disso, aperfeiçoar os componentes psicofísico-motores das ações específicas do jogo, tomados aqui não como partes isoladas, mas como atributos do jogador em performance.

O treinamento no futebol é um procedimento ininterrupto, com efeito acumulativo: a finalidade é a prática e a sistematização dos conteúdos dentro das suas respectivas categorias para aumentar o desempenho individual do jogador e o rendimento competitivo do time.

Os exercícios representam os conteúdos de treinamentos, que são interdependentes e interativos. Eles compõem, conjuntamente, uma unidade para a busca da excelência no jogo de futebol. Dimensionamos os conteúdos dos treinamentos, didaticamente, em: treinamentos formativos; estruturais; funcionais; adaptativo-específicos; técnicos, técnico-táticos; tático-estratégicos; e regenerativos. Os conteúdos dos treinamentos estão inseridos em três grandes categorias, que nomeamos: qualitativas, quantitativas e sistêmico-relacionais.

4.2 A estrutura dos treinamentos em categorias

As categorias de treinamentos[5] estão fundamentadas em objetivos amplos, que abrangem a totalidade dos conteúdos e são representadas pelo conjunto dos exercícios físicos, técnicos, táticos e estratégicos. Elas compõem, conjuntamente, uma unidade para fundamentar a eficácia das adaptações e qualificar o rendimento competitivo no jogo de futebol. Dimensionamos as categorias dos treinamentos, para fins metodológicos, em qualitativos, quantitativos e sistêmico-relacionais. O nível de adaptação das categorias está associado ao estado de treinamento dos jogadores e ao grau de desempenho do time. Afinal, o rendimento competitivo é decorrência da consistência, organização, equilíbrio, domínio e adaptação das categorias de treinamentos combinados às qualidades individuais dos jogadores e à proposta de jogo.

[5] Classificamos nos primeiros estudos (*Futebol: a formação de times competitivos,* 2012) os conteúdos dos treinamentos em categorias. Para o presente estudo, após uma fase de discussões e reflexões sobre o tema, alteramos a nomenclatura de conteúdos para categorias. As categorias passam a representar as classes em que se dividem os conteúdos.

▶ A **categoria de caráter qualitativo** está coligada ao sistema nervoso central – ela integra as capacidades coordenativas que controlam e regulam os movimentos. É responsável pela organização funcional das estruturas neuromotoras, perceptivas, cognitivas e pelo desenvolvimento dos fundamentos técnicos: progressão e controle de bola, passe, marcação, chute ao gol, desmarque, domínio e recepção, cabeceio da bola, drible, finta e outros. O desígnio principal é a busca da excelência através do aperfeiçoamento técnico-tático para melhorar os princípios operacionais de organização ofensiva e defensiva dentro de uma proposta de jogo.

▶ Por sua vez, a **categoria de caráter quantitativo** está sustentada pelas estruturas orgânicas. Integra as capacidades condicionais e neuromusculares, e está unida aos mecanismos de produção de energia, à dinâmica neuromuscular e aos processos metabólicos. É ela que desencadeia o desenvolvimento da força, resistência, velocidade e flexibilidade, que são transferidas para as ações específicas do jogo.

A categoria de caráter quantitativo não existe em estado puro no jogo de futebol. O jogador depende do desenvolvimento harmônico das outras categorias para alcançar o ótimo desempenho, uma dependência diretamente relacionada a uma estrutura bastante complexa, uma vez que as adaptações de vários conteúdos determinam a eficácia e a excelência das ações motoras expressas no futebol. O alvo é oferecer suporte para o aperfeiçoamento dos atributos técnicos e táticos e condições para a tolerância e superação da fadiga em treinos e jogos.

▶ Já a **categoria sistêmico-relacional** dá sustentação ao equilíbrio organizacional e funcional dos times. Ela integra as capacidades psicológicas, perceptivas, cognitivas, afetivas, culturais e sociais, que estão associadas tanto à adaptação do futebolista ao contexto como à forma de jogar e ao modelo de jogo. É responsável por promover a percepção com a tomada de decisão, o desenvolvimento da cultura e da organização tática, estratégias, concentração, integração, leitura de jogo, senso crítico, clara consciência, equilíbrio psicossocial e bem-estar comum. O escopo fundamental é a reunião de diferentes recursos comportamentais para uma formação tática apropriada.

Enquanto a categoria de caráter qualitativo compreende a interação, o controle e o aperfeiçoamento dos fundamentos técnicos, a categoria sistêmica e relacional estabelece a dinâmica das funções defensiva e ofensiva, as transições e o modelo de jogo para o bom desempenho coletivo. Nessa perspectiva, se por um lado os treinamentos técnicos e táticos são orientados pelos treinadores e por seus assistentes, as demandas físicas são interativas, aferidas, controladas e ultimadas pelos preparadores físicos, treinadores e assistentes. A finalidade, assim, é possibilitar a unidade, a objetividade, a eficácia e a excelência das ações técnicas, táticas, físicas e cognitivas.

O atributo competitivo dos times de futebol pressupõe o equilíbrio das adaptações provocadas pela interação das categorias de treinamentos. Eis um exemplo bastante ilustrativo: ótima relação entre o volume e a intensidade dos treinamentos técnicos e táticos provoca adaptações específicas da força, da resistência e da velocidade para jogar futebol. Somadas à disposição dos jogadores no terreno de jogo, ao ajuste de funções e à conexão tática, conduzem o time a uma forma de jogar.

Não existe ligação direta entre melhorar uma determinada categoria de treinamento e, como consequência, atingir o melhor rendimento. O treinamento deve ser visto de forma sistêmica, com a adequada planificação em quantidade e qualidade, e ambas ajustadas às necessidades de cada futebolista, à organização coletiva do time e à proposta de jogo. O jogador pode gozar de índices físicos relevantes e ter uma qualidade técnica apurada, mas, no decorrer de um jogo, apresentar um baixo nível de rendimento e um cansaço precoce. Esse desequilíbrio de rendimento pode acontecer por uma ou mais das seguintes causas: início da formação de um novo time; falta de entrosamento e de encaixe; deficiência para compreender a proposta de jogo; méritos da equipe adversária; treinamentos insuficientes; baixo nível de exigências; falta de um modelo de jogo; desestabilização da proposta de jogo; e, por último, excesso de pressão por vitória.

4.3 Organização e seleção dos conteúdos de treinamentos

Para realizar a organização e a sequência dos treinamentos, agrupamos as categorias em conteúdos afins. A seleção dos conteúdos – com base num apurado diagnóstico da realidade, projeção de um modelo de jogo, necessidades e prioridades individuais dos jogadores e coletivas do time – propicia, entre outros aspectos, indicativos de exercícios para promover o desempenho dos times de futebol.

Selecionamos oito conteúdos de treinamentos que influem conjuntamente na atuação de um time e no rendimento individual dos jogadores de futebol:

▶ **Conteúdos de treinamentos formativos**: abrangem principalmente o ciclo de longa duração, jogadores com idade de até 15 anos. Predominam os treinamentos básicos motores, que agregam todas as dimensões dos fundamentos técnicos. O tripé do processo formativo é constituído pelo lúdico, jogo e versatilidade.

O caráter lúdico e a espontaneidade estão inseridos na dinâmica dos treinos. É uma maneira de proporcionar prazer, alegria e satisfação, estimulando os desenvolvimentos motor, cognitivo, biológico, social e afetivo.

Os jogos de formas livres, semiestruturadas e estruturadas, quando utilizados como ferramentas de ensino-treino-aprendizagem, devem despertar a curiosidade, criatividade, coordenação e coragem para as tomadas de decisões.

A versatilidade e a variedade de exercícios, na rotina dos treinamentos, estimula a aquisição de novas habilidades, a ampliação dos domínios cognoscitivo e afetivo-social, assim como a construção de estruturas motoras e perceptivas para o desenvolvimento do rendimento competitivo.

▶ **Conteúdos de treinamentos estruturais**: englobam os treinamentos básicos de um ou mais exercícios físicos (força, resistência, velocidade, flexibilidade) em seus estados puros, diferentes dos esforços específicos do jogo de futebol. Esses exercícios provocam adaptações significativas nas funções dos sistemas orgânicos, funcionais, metabólicos e morfológicos. O treinamento está relacionado à capacidade de tolerar cargas com intensidade e volume aumentados. Proporciona meios efetivos para que níveis mais adiantados do desempenho físico possam ser alcançados. Esses conteúdos incitam os mecanismos de superação e de tolerância à fadiga, assim como os processos de recuperação. Proporcionam, por conseguinte, uma elevada condição de transferência positiva para as ações específicas do jogo. Os treinamentos estruturais são utilizados, partindo de um diagnóstico inicial, nas etapas iniciais de treinamentos, nas primeiras unidades das pré-temporadas, entre os mesociclos competitivos da temporada anual, para apurar deficiências individuais de jogadores e nos períodos de retreinamento.

São componentes do treinamento estrutural: treino de velocidade de reação, velocidade acíclica, velocidade, resistência, força com carga adicional, força com resistência elástica, flexibilidade lenta, rápida e facilitação neuronal proprioceptiva, resistência contínua uniforme extensiva, e resistência intervalada com pausas completas e incompletas.

► **Conteúdos de treinamentos funcionais**: são uma extensão do treinamento de força associado ao equilíbrio. Desenvolvem a consciência corporal e provocam estímulos sensório-motores através da região central do corpo (core), excitando a força de sustentação do corpo. Englobam exercícios de múltiplas articulações para treinamento da resistência, força, velocidade, flexibilidade, potência, coordenação, agilidade, mobilidade, equilíbrio e precisão. Provocam ativações neurais, conexões neuromusculares, além dos estabilizadores e sistemas de controle motor. O treinamento funcional contribui para o equilíbrio e domínio do próprio corpo em movimento, estabiliza as articulações, potencializa as ações e contribui para a prevenção de lesões. Os músculos mais solicitados são os abdominais, glúteos e lombares. Os treinamentos funcionais predominam durante toda a temporada anual e contribuem para superação de esforços nos treinamentos e jogos, com melhor eficiência biomecânica.

São acessórios utilizados no treinamento funcional: TRX (fita suspensa), cordas, vários modelos de elásticos, kettlebells (bola de ferro com alças), bosu e medicine balls.

Conteúdos de treinamentos adaptativo-específicos: solicitam a capacidade do jogador de se acostumar às exigências bioenergéticas e biomecânicas do jogo. Predominam os esforços em caráter intermitente com intensidade média e alta. Esse tipo de treinamento busca um índice superior de solicitação energética e neuromuscular. Para um time manter um nível altamente competitivo nos jogos, deve existir a continuidade de treinamentos com ações explosivas, curtas e repetitivas. A própria sequência de jogos e os treinamentos técnicos e táticos, com base em esforços intermitentes baseados na forma de jogar, provocam adaptações específicas, incrementam os componentes biomotores e abreviam os mecanismos de recuperação. Os treinamentos adaptativo-específicos são diferenciados por ações próprias do jogo, de máxima intensidade, curta duração, recuperação passiva e um ótimo volume.

São componentes do treinamento adaptativo-específico:

Circuito de Força: exercícios de acelerações e força explosiva, associados aos gestos técnicos e à mobilidade articular utilizada nas ações motoras do jogo. Esforços intensos e curtos com pequenas pausas em movimento.

Exemplo de treinamentos adaptativo-específicos com exigências bioenergéticas para os períodos sem jogos intersemanal ou para atender deficiências de algum jogador:

Corrida intervalada com esforços intermitentes: (20 m x 10 m); (25 m x 15 m) ; (50 m x 25 m) x intensidade média/baixa.

A modo de exemplo: 50 m (corre a distância de 25 m e retorna correndo a distância de 25 m, durante 11s) x 25 m (recupera correndo a distância de 12,5 m e retorna correndo a distância de 12,5 m durante 8s) – 5 repetições: distância total percorrida: 375 m; tempo: 1min35s. O número de séries depende dos objetivos e do estado de treinamento dos jogadores. Pode oscilar entre 3 e 6 séries com intervalo de 2 minutos entre cada série.

Pequenos jogos semiestruturados, alternando os contextos de acordo com os objetivos do treinamento (dimensões do campo, número de jogadores, número de toques na bola, regras etc.). Deslocamentos rápidos e precisos com a posse da bola, progressões e finalização; sem a posse da bola: pressão com agressividade para recuperar, luta para impedir a progressão e a finalização.

Esforços de 3 a 5 minutos com intervalo entre 2 e 3 minutos.

▶ **Conteúdos de treinamentos técnicos**: abrangem o treinamento de um conjunto de fundamentos específicos (passe, controle, condução, chute, domínio, marcação, desarme, proteção, drible e finta, cabeceio, desmarque, cruzamento) que se relacionam à dinâmica do jogo, objetivando dar respostas superiores e eficazes a situações de confronto no jogo. Estimulam adaptações nos sistemas perceptivos, sensitivos, coordenativos e neuromusculares. Predominam durante toda a temporada anual, e podem ser treinados com a utilização dos seguintes métodos:

Método de ensino global (integral): emprega exercícios específicos e jogos de forma global.

Método de ensino analítico: o ensino da técnica é realizado por partes.

Método de ensino situacional: são utilizadas situações de jogo para o treinamento das técnicas.

▶ **Conteúdos de treinamentos técnico-táticos**: busca desenvolver a organização, coordenação e adaptação de tarefas e decisões (individual, setor e coletiva), tanto defensivas como ofensivas. Os treinamentos táticos são determinantes para o desenvolvimento de planos de ação, tomada de decisões e para a escolha de ações técnicas em diferentes situações do jogo. A categoria de treinamentos técnicos e táticos interatua de maneira simultânea relacionada à recepção da informação, ao processamento, ao posicionamento e função de jogadores, à busca da superioridade numérica, à tomada de decisão e à qualidade de execução.

▶ **Conteúdos de treinamentos estratégico-táticos**: são realizados através de um conjunto complexo de ações, em situações determinadas (organização de defesa ou organização de ataque), de oposição e cooperação, em que os componentes técnicos e táticos exercem um papel decisivo no rendimento competitivo do time. Estimulam as capacidades psicológicas, cognitivas e relacionais. A estratégia e a tática conservam uma interdependência funcional por meio das ações específicas do jogo.

Quanto mais desenvolvidos forem os domínios técnicos e táticos dos jogadores, maiores os recursos estratégicos.

▶ **Conteúdos de treinamentos regenerativos**: têm como finalidade principal o restabelecimento do equilíbrio orgânico através de conteúdos que aceleram os processos de recuperação e eliminação da fadiga. Os treinamentos regenerativos são orientados pelo preparador físico, ou seus assistentes, nas unidades de treinamentos subsequentes aos jogos.

ESQUEMA GRÁFICO INTERATIVO DAS CATEGORIAS E DOS CONTEÚDOS DE TREINAMENTOS

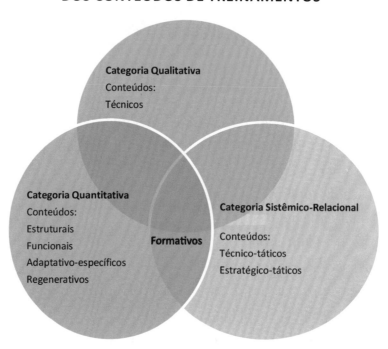

Capítulo 5

A FORMAÇÃO DOS JOGADORES: CATEGORIAS SUB-12 A SUB-15

5.1 Os diferentes momentos da formação do jogador brasileiro

A formação do jogador de futebol brasileiro começou com jogos informais, no meio das ruas, nas calçadas, nos terrenos baldios, nos campos de várzea, nos pátios das escolas e nas adjacências das igrejas. Os jovens espontaneamente se reuniam e formavam grupos para jogar futebol. O campo de jogo era definido de acordo com as dimensões da área disponível e com a quantidade de participantes. As regras eram acordadas momentos antes do jogo. Muitas vezes, os espaços para jogar eram pequenos e não comportavam muitos participantes. Com naturalidade, os jogadores faziam rodízios para que todos pudessem jogar ou, então, formavam "times de fora".

Nesses diferentes contextos, os jovens vivenciavam múltiplas formas de jogar, permitindo a formação de uma rica e eclética linguagem motora futebolística. A especificidade do jogo limitava a formação de um vocabulário motor mais amplo, restringia a coordenação e a qualidade do aprendizado para novos movimentos. Um exemplo: muitos desses jovens, craques das peladas, encontravam dificuldades para coordenar um salto de impulso com os dois pés para alcançar o primeiro degrau da arquibancada.

O gosto pelo futebol, as iniciativas espontâneas e livres, a informalidade e os próprios recursos naturais levavam os jovens a participar de torneios e campeonatos. Motivados por essas experiências e aspirações, recomendados ou espontaneamente, participavam das tradicionais peneiras com um único propósito: fazer parte dos times juvenis ou aspirantes nos clubes de elite.

Os jovens jogadores tinham requisitos físicos e coordenativos limitados, e um rico repertório de habilidades técnicas para jogar futebol. Com essas condições, eram selecionados nas peneiras para ingressar nos quadros das categorias de base. Aqueles que apresentavam qualidades técnicas diferenciadas, combinadas com a sequência de bons desempenhos nos times de base, ascendiam à equipe principal.

Nessa época, a dinâmica dos jogos permitia que os jogadores dominassem a bola com tempo de sobra para pensar e tomar decisões. As exigências físicas eram moderadas e pouco diversificadas. A sequência dos jogos era reduzida e de baixa densidade. A pouca rigidez nas marcações possibilitava um amplo espaço para jogar, permitindo diversificadas e sedutoras expressões técnicas.

O futebol era moleque, cheio de fintas, dribles, gingas, malabarismos, improvisações, agilidade, irracionalidade e flexibilidade. No imaginário popular do brasileiro, o craque já nascia pronto, e jogar futebol era um dom que não se aprendia na escola. A genialidade e a individualidade superavam qualquer padrão de jogo, e o tripé liberdade-beleza-criatividade constituía o significado do "futebol-arte".

O futebol do século 21 sofreu profundas alterações na sua dinâmica, como o aumento das distâncias percorridas durante os jogos, a frequência das acelerações, as lutas corporais mais intensas, um número expressivo de arranques com mudanças de direções, saltos e paradas bruscas. Essa nova dinâmica começou a exigir dos jogadores um nível superior de força e uma velocidade otimizada, além da resistência específica adaptada às demandas dos jogos.

Com isso, as marcações se tornaram mais rígidas e, por conseguinte, os espaços para jogar com a posse da bola foram encurtados. Com a diminuição dos espaços e o aumento do número de toques na bola, as ações ficaram mais rápidas, decididas e complexas. Isso impõe, aos jogadores, maior velocidade de raciocínio e menor tempo com a bola nos pés.

Na sua estrutura externa, o futebol contemporâneo tem mais jogos e tem jogos mais densos, elevando o nível de exigência das competências físicas e competitivas dos times. Os jogadores são obrigados a desenvolver as qualidades psicofísicas tanto para superar o cansaço como para conservar a rapidez de raciocínio, presente na percepção e na análise das questões do jogo. Nesse cenário, a formação do jogador de futebol deve reunir a progressão de competências articuladas com as questões enfrentadas nos jogos dos times de elite.

A complexidade no desenvolvimento do jogador nos clubes de elite se desdobra em dois momentos contraditórios. O primeiro, dominante em aspirações de dirigentes e em atuações de comissões técnicas, é a formação de times vencedores. Nessa linha, a intenção, em todas as categorias, é ganhar jogos e vencer campeonatos. Essas conquistas contribuem para a ascensão política de dirigentes e para a promoção dos integrantes das comissões técnicas no ambiente do futebol.

Quando a prioridade é ganhar campeonatos, os mecanismos de organização tática e física são enfatizados na seleção dos conteúdos dos treinamentos. Os conteúdos são selecionados para atender aos objetivos imediatos das competições. Os treinadores escolhem os jogadores maturados ou em processo adiantado de maturação, que se adaptam com mais rapidez às suas propostas de jogo. Sustentados pela lógica das competições, alguns jogadores com elevado potencial de crescimento, mas com dificuldades de adaptação ao modelo de jogo, em curto prazo, são relegados a um plano secundário ou excluídos do processo. O pensamento gira em torno da temporada (um ano), mesmo que processos de adaptação e formação costumem levar mais tempo do que isso.

O segundo momento é a formação continuada e individualizada dos jogadores com a finalidade de aumentar o patrimônio do clube. Essa linha não exclui a formação de times competitivos nem a conquista de campeonatos; ela, no entanto, atenua eventuais derrotas com novas alternativas políticas e metodológicas. Destacam-se, aqui, a ampliação do patrimônio humano pela formação eficiente de jogadores com excelência técnica, e o crescimento do patrimônio financeiro por meio do aproveitamento dos jogadores das categorias de base no time principal, objetivos de futuras e lucrativas negociações.

5.2 A divisão dos ciclos de treinamentos

O primeiro ciclo segue um arcabouço reduzido de treinamentos, com modelação de conteúdos, para uma breve reflexão sobre a formação do jogador em longo prazo.

A gestão dos treinamentos no futebol leva em conta os diferentes momentos na formação do jogador. Engloba o gerenciamento de métodos, conteúdos (exercícios), procedimentos e recursos para preparar o jogador: da etapa formadora à elitização – sempre, é claro, adaptado à idade biológica, à maturação, ao potencial genético, ao calendário das competições e ao estado de treinamento.

Os treinamentos são estruturados em dois ciclos de quatro anos. No primeiro ciclo os objetivos e conteúdos são direcionados para jogadores com idade cronológica entre 12 e 15 anos. O segundo ciclo para jogadores com idade cronológica entre 16 e 19 anos. Quando o jogador chega aos times de elite, os planos de treinamentos são orientados para uma temporada. Muitas vezes, os times são conduzidos por duas ou três comissões técnicas diferentes em um mesmo ano.

O jogo de futebol não pode ser inteiramente planejado. Mas o treinamento, sim. Não apenas pode como deve. A planificação dos treinamentos para a formação do jogador de futebol a médio e longo prazos exige seleção, previsão, organização, decisão e sistematização de conteúdos, com o alcance gradual de objetivos específicos e diferenciados para cada etapa do processo de treinamento.

5.3 O ciclo dos treinamentos de longa duração: categorias Sub-12 a Sub-15

Os treinamentos do primeiro ciclo são divididos em quatro etapas, que envolvem as categorias de 12 a 15 anos. Os principais objetivos são o desenvolvimento motor, os domínios cognoscitivo e afetivo-social, a criatividade, a aprendizagem dos fundamentos técnicos, a compreensão do jogo e, finalmente, o aumento das reservas de adaptação por efeitos acumulativos (efeitos residuais).

5.3.1 Treinamento básico motor

A execução de qualquer movimento por parte do futebolista está sujeita à coordenação e à motricidade humana. A coordenação (matéria-prima do jogador de futebol) é resultado da interação do desenvolvimento psicomotor com a evolução do sistema nervoso. Contribui para o aumento qualitativo do vocabulário motor estimulando a inteligência e a interação. A partir dela, os atletas aprendem a regular e controlar as ações motoras, desenvolvem a consciência corporal, descobrem novas formas de movimentos e desenvolvem a criatividade: vinculada às percepções e sentimentos.

A coordenação sincroniza todos os elementos que interferem na execução de um gesto simples ou de um movimento complexo – sejam eles em relação ao próprio corpo, à bola, ao campo, às diferentes situações de jogo, à meta, ao regulamento, à interação com os companheiros de equipe ou aos adversários.

A capacidade coordenativa não aflora do nada. Ela é constituída por uma série de processos que interagem com as áreas motoras, neurofisiológicas, cognitivas, perceptivas e mnemônicas. É por isso que o período ideal para o desenvolvimento da coordenação vai da infância à puberdade – entre 12 e 15 anos –, e coincide com a formação de jogadores de futebol nas divisões de base.

A coordenação também envolve o refinamento da memória motora, do repertório motor e da percepção. Os processos perceptivos são fundamentais à formação do jogador de futebol. Eles estabelecem a base para a eficácia dos analisadores e dos condicionantes da motricidade, além de proporcionarem uma infraestrutura específica para a transição do trabalho geral à especialização do jogador de futebol.

É característico do período de formação o desenvolvimento das capacidades psicomotoras (equilíbrio, estruturação espacial e temporal, consciência corporal, lateralidade, tonicidade, ações globais e finas) integradas à coordenação e à aprendizagem dos fundamentos técnicos: controle da bola, condução, passes, dribles, fintas, chutes e cabeceios.

5.3.2 Treinamento dos fundamentos técnicos

Os fundamentos técnicos estão caracterizados pela interação da coordenação com os componentes físicos e os gestos específicos. A aprendizagem envolve (em combinação com as regras do jogo) um conjunto de práticas motoras específicas, que vão desde o passe, cabeceio, chute, voleio e drible aos movimentos complexos de tomada de decisão, de recepção e de execução – sempre com a finalidade de atingir o melhor rendimento.

A solução de tarefas no jogo, a eficiência, a economia e a precisão nos movimentos específicos implicam um elevado domínio da capacidade de percepção visual periférica, provocada efetivamente pelo treinamento da automatização do controle das habilidades técnicas no futebol.

A melhoria das habilidades técnicas é o resultado de movimentos repetidos, executados de forma variada e consciente, e das vivências de situações de jogo: assim se aperfeiçoa a coordenação entre o sistema nervoso central e o sistema muscular.

A técnica inclui os elementos que deverão ser treinados durante toda a vida atlética do jogador de futebol, de acordo com os princípios da sistematização, repetição e adaptação. É indispensável salientar que o jogador é o protagonista e é importante que domine um maior número de elementos técnicos nessa fase do seu aprendizado.

No processo de treinamento das técnicas individuais, é fundamental considerar os aspectos relativos à percepção e à tomada de decisão. Isso significa revelar as condições reais de disputa e executar movimentos com oponentes, em espaços reduzidos, em ritmo de jogo e com apropriadas escolhas de soluções.

Para tanto, é necessário sedimentar a aprendizagem de elementos que são específicos para o futebolista: condução de bola (face externa, face interna, solado e dorso do pé); passes (face interna, face externa, bico, calcanhar, dorso [peito] do pé [solado]); domínio e recepção; voleios; cabeceios; chutes (peito do pé, face interna e face externa); marcação; drible e finta; cruzamentos. Incluem-se sucessivas repetições (desde os modelos estáticos em circuito fechado aos modelos dinâmicos em circuito aberto), diversificando os padrões de realização, o ritmo de execução e a limitação dos espaços.

O desenvolvimento das técnicas individuais é norteado pelos princípios da biomecânica do movimento, e leva em conta gestos equilibrados e eficientes. Os jogadores de futebol adquirem estilos próprios, dependentes de suas particularidades morfológicas e suas capacidades físicas e intelectuais. Por conseguinte, as execuções que não respeitem os princípios básicos da biomecânica do movimento, derivadas das deficiências no desenvolvimento físico ou na coordenação, não podem ser consideradas estilos.

Posto assim, a qualidade da aprendizagem dos elementos técnicos está relacionada à individualidade, ao repertório motor, à percepção e ao talento inato do jogador de futebol. Nessa fase é preciso, desse modo, fomentar o desenvolvimento da velocidade de raciocínio, de ação e velocidade de reação, além de promover o comportamento lúdico na aprendizagem das técnicas.

Cabe ao treinador empregar diferentes formas de pequenos jogos, para manter o contato com a bola, saber escolher diferentes recursos técnicos, estimular a espontaneidade e a criatividade, desenvolver noções táticas e despertar o espírito competitivo e de equipe. Não há como obter progresso sem que o jogador perceba a posição em que se encontra e possa responder de forma adequada aos problemas que os oponentes criam.

É desejado também que, durante os jogos coletivos, o jogador treine em todas as posições do campo, inclusive na de goleiro. Isso tem como finalidade ampliar a formação das estruturas cognitivas no que se refere à compreensão do jogo. Por fim, é elementar que se desenvolva, no decorrer dos treinamentos, o espírito competitivo com moderação. O futebolista deve encontrar liberdade para expressar as suas intenções e ações motoras.

▶ Recomendações para os treinamentos das ações técnicas:

O ensino das técnicas, quando orientado pelo princípio analítico-sintético, precisa observar e examinar minuciosamente os seguintes aspectos: a posição inicial, o início do movimento determinado, a posição final, o ritmo, a velocidade e a amplitude do movimento. São treinadas de forma isolada as situações do jogo, com a finalidade de automatizar o fundamento técnico.

Desse modo, consideramos necessárias as seguintes práticas: corrigir os erros em cada fase do movimento através da observação direta ou análise por vídeos (observação indireta); evitar a monotonia no decorrer do processo; após os treinamentos técnicos analíticos realizar a transferência proativa para situações reais do jogo; exigir, com adequado rigor, qualidade e precisão à execução dos elementos técnicos; selecionar exercícios de multilateralidade e unilateralidade; estimular, sempre, o prazer, a iniciativa e a liberdade de movimentos nas diferentes sessões de treinamento.

O controle, o passe e a recepção são as ações técnicas que ocorrem com maior frequência nos jogos de futebol. Eis um roteiro para fixação e aprendizagem dos diferentes tipos de passes: 1) com parte externa do pé, parte interna do pé, dorso do pé; 2) nas trajetórias direta, parabólica e em curva; 3) nas distâncias curta, média e longa. A sequência de exercícios poderá ser iniciada em situação estática, com orientações sobre a posição da perna de apoio, o movimento da perna de balanço e a posição do pé em relação à bola. Na continuação, os passes devem ser realizados em situações similares ao jogo, com eficiência, rapidez e descontração.

Também é recomendável a modificação parcial dos programas motores conhecidos em situações de jogo – domínio, controle, drible, recepção, finta e condução da bola e regras – para programas motores desconhecidos. E, igualmente, a estabilização dos gestos técnicos eficientes e equilibrados, através dos princípios fundamentais do treinamento desportivo: versatilidade, sistematização, gradualidade e repetição.

Listamos, concluindo, mais dez recomendações básicas sobre os processos metodológicos do primeiro ciclo de formação:

1) Os treinamentos das ações técnicas devem ser aleatórios, constantes e repetitivos.

2) O método analítico-sintético através do desenvolvimento cognitivo é apropriado para o treinamento de bola parada.

3) Mostrar elasticidade e plasticidade nos programas de treinamentos de finalização, com variações da dinâmica dos exercícios.

4) Treinar a precisão dos chutes, em situações e distâncias variadas, utilizando alvos como referência e lançando mão da transferência do movimento para situações de jogo.

5) Praticar exercícios de recepção em movimento, reduzindo gradualmente os espaços. Provocar a antecipação perceptiva, para a tomada de decisão sobre o tipo de recepção mais oportuna à condução da ação.

6) Utilizar os pequenos jogos com variações como ferramenta primordial para o processo de aprendizagem-treinamento da condução, recepção e passes.

7) Estimular os dribles, as tomadas de decisões, as iniciativas, as aproximações e a luta permanente pela posse da bola.

8) Desenvolver a capacidade de concentração, aprendendo a falar consigo mesmo, em ambientes abertos (imprevisibilidade) e fechados (previsibilidade).

9) O modelo e a atitude das comissões técnicas e apoio técnico, dirigentes, empresários e família exercem influência significativa no comportamento do jogador no decorrer do processo de formação.

10) A trajetória esportiva do jogador de futebol tem características diferenciadas, pelas suas qualidades genéticas, perfil comportamental, ambiente sociocultural, estrutura organizacional do clube, adaptabilidade aos processos de treinamentos e desempenho nos jogos e competições.

5.3.3 A competição como um construto pedagógico

O jogo de futebol é realizado através de um conjunto complexo de ações, em situações diversificadas e indeterminadas, de oposição e cooperação, em que os componentes táticos exercem um papel decisivo no rendimento competitivo das eq uipes.

Tendo isso em mente, e visando à estrutura do treinamento dos componentes táticos, deverá ser mantida uma grande coerência e interação com as etapas do desenvolvimento dos componentes físicos, técnicos, táticos e cognitivos.

A tática abrange a concatenação e o direcionamento de todos os processos técnicos que os futebolistas utilizam no jogo a fim de superar o oponente. Atuar taticamente implica capacitar-se a tomar iniciativa coletiva nas ações, marcação, posse de bola, recuperação, conservação e progressão da bola – tudo com intenção de sobrepor as dificuldades do jogo e produzir espaços para finalização e marcação de gol. Para tanto, é necessária a elaboração de um processo de aprendizagem-treinamento que proporcione mecanismos ao desenvolvimento da atenção, percepção, cooperação, ajuda recíproca, formação de memórias com versatilidade e discriminação de informações percebidas, sempre com o intuito de ampliar o repertório de respostas.

O treinamento, assim, deverá oferecer subsídios para o futebolista encontrar nas estruturas de suas habilidades técnico-táticas os elementos para a tomada de decisão em cada situação próxima e real de jogo, e colocar em prática, com eficácia e rapidez, as soluções mais apropriadas para obtenção do êxito coletivo na competição.

A resolução eficaz de situações de jogo depende dos seguintes aspectos: entender e diferenciar as funções nas fases da defesa e do ataque.

Na fase do ataque: criar e buscar espaços livres para as progressões; oferecer apoio de dois ou mais jogadores para aquele que detém a posse da bola; apresentar-se em espaços curtos para o recebimento da bola, criar situações de finalizações; desenvolver iniciativa para finalizar.

Na fase da defesa: pressionar a marcação na saída de bola; realizar coberturas; recuperar imediatamente a posse da bola; evitar a construção das ações de ataque; impedir as finalizações.

Outros aspectos relevantes: iniciativa e atitude dos integrantes da equipe; leitura e compreensão do jogo; estágio de organização e sincronicidade do time; potencial individual dos jogadores de futebol na escolha dos gestos motores ideais para enfrentar situações imprevistas; desenvolver a inteligência motora; criar situações para estimular a percepção e a tomada de decisão; promover o espírito de criatividade.

5.3.4 Orientações básicas para a formação do comportamento tático

Abaixo, listamos uma série de práticas ligadas aos treinamentos táticos para competição:

1) Fomentar a disciplina organizacional e a estrutura posicional nos treinamentos, diversificando as funções, estimulando as iniciativas e dando liberdade para as iniciativas espontâneas, individuais e coletivas.

2) Desenvolver distintos sistemas e estratégias de jogos para competições.

3) Incluir exercícios técnico-táticos individuais, grupais e coletivos, enfatizando a tomada de decisão em todas as situações.

4) Elaborar treinamentos que estimulem a ajuda recíproca e a solidariedade, defensiva e ofensiva.

5) Desenvolver a antevisão dos jogadores, não apenas no que se refere a sua equipe, mas também em relação aos adversários.

6) Possibilitar a vivência de diferentes formas de organização de time.

7) Avaliar o desempenho nos jogos competitivos e debater com os jogadores os resultados.

8) Evitar padrões de rigidez referentes à mecânica do jogo.

9) Estimular a leitura e a compreensão da mecânica do jogo.

10) Estimular a criação de espaços, as aproximações espontâneas e as iniciativas individuais.

11) Treinar diferentes alternativas para a proteção da bola.

12) Buscar respostas técnicas diferenciadas para situações táticas semelhantes.

13) Desenvolver o equilíbrio organizacional da equipe.

14) Aprender a jogar sem a posse da bola.

15) Entender o significado da competição, identificando o sentido de responsabilidade individual e coletiva.

16) Promover as noções de formação e o poder de adaptação.

17) Treinar marcação individual, por zona e mista.

18) Desenvolver o espírito de luta constante pela posse da bola.

19) Evitar a "narração" de fora do campo, que impõe, na hora, as determinações táticas e a condução de movimentação dos jogadores. Submetido a esse costume, o atleta passa a ser educado de maneira reprodutora, limitando o seu potencial de decisão e o desenvolvimento da criatividade e espontaneidade.

20) A alegria, o prazer e a espontaneidade devem estar presentes em todos os momentos dos treinamentos e jogos. É preciso trabalhar os componentes emocionais e cognitivos individual e coletivo para o treinamento para a competição.

21) Estabelecer uma estratégia global que inclua os conteúdos técnicos e táticos para todas as recomendações citadas.

5.3.5 Conteúdos teórico-práticos para a formação do jogador

A seleção dos conteúdos teórico-práticos foi sugerida por **Wilson Souza**, integrante do setor de metodologia pedagógica e colaborador técnico do Projeto Aprimorar, das divisões de base do Sport Club Internacional.

5.3.5.1 Treino básico motor: Figuras Geométricas

Objetivo: Executar domínios e passes em diferentes ângulos.

Descrição do trabalho: Em áreas reduzidas, posicionar os jogadores nos cantos de um quadrado com uma linha interna que referencie a posição do corpo e da bola para a execução do domínio e do passe. Cada vez que acontece um passe, o "passador" corre em direção à próxima base (localizada no canto do quadrado, entre as linhas).

Variações: A direção da bola pode ter sentido horário, anti-horário, bem como a figura geométrica pode ser outra (triângulo, pentágono...). Outra variação é que, em vez de apenas correr, podem ser realizados exercícios coordenativos (como o skipping, saltos unipodais) entre as bases. É necessário pelo menos um jogador a mais que o número de lados da figura. Se for com quatro lados, a atividade deverá ter cinco atletas.

Colocar duas bolas simultâneas no trabalho; dar o passe e se deslocar para o sentido oposto ao passe; domínio e passe somente com o pé esquerdo/direito; dominar com uma e passar com a outra; dependendo do ângulo, variar tipos de passe ou de domínios.

Interferências: Orientar as posições referentes aos movimentos de manejo corporal (virar, girar o corpo) de um sentido para o outro no momento de receber a bola e executar bem o passe para a outra base (com o corpo alinhado ao jogador que receberá a bola no momento do passe).

Duração: Cinco blocos com 4 minutos cada.

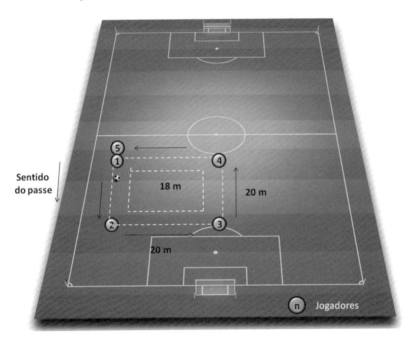

5.3.5.2 Treino básico motor: Caça-Galinha (1 x 1)

Objetivo da defesa: Estimular a utilização da postura de marcação e angulação corporal como mecanismo facilitador do ato de desarmar o adversário.

Objetivo do ataque: Realizar o drible frente ao defensor sempre em situação frontal (de enfrentamento).

Descrição da atividade: Os jogadores jogam em situação de enfrentamento (1 x 1), o defensor pode apenas roubar a bola com as mãos e quem ataca deve estar de frente para seu oponente, e pode trocar de faixa (ou seja, mudar de direção, de lado, apenas uma vez); caso volte, perde a posse. Demais regras: iguais ao jogo formal.

Intervenções: Estimular a postura (joelho e quadril flexionados, centro de gravidade adequado).

Variações: Pode ser feito 2 x 2 ou até utilizar este mesmo jogo em 1 x 1, mas sem a regra de roubar a bola com as mãos. Nesse caso, quem atacasse continuaria com as mesmas regras.

Tempo: Oito pequenos blocos de 45 segundos ativos, por 45 segundos de descanso, alternando os jogadores da dupla.

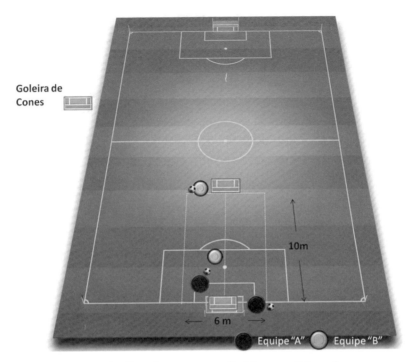

5.3.5.3 Treino de fundamentos: O Mestre Manda

Objetivo: Executar os fundamentos de domínio, condução e passe rasteiro estimulando diferentes tomadas de decisão.

Descrição da atividade: Duas equipes (uma caracterizada por números ímpares e outra por números pares) realizam uma atividade de oposição utilizando-se de ações técnicas em um retângulo com aproximadamente 30 metros (15 para cada lado do "jogo") de comprimento por 10 metros de largura. As ações têm seu início sempre em cima da linha de fundo da área de "recuo". O jogador da "equipe mestra" conduz a bola até próximo à linha situada no meio do minicampo (limite para executar o passe); o mesmo atleta escolhe se tentará derrubar o cone do lado oposto, optando em executá-lo direção paralela (para 2 e 6) ou em diagonal (para 4 e 8). Caso não o derrube, ele ainda tem a possibilidade de passar a bola dentro de uma área demarcada por "chinesinhos" para que esta passe por ali, como se fosse um ponto de "winner" do tênis, por exemplo, ou simplesmente pode "transferir" a responsabilidade da ação para outra equipe (já que o erro do adversário, tal como num jogo de vôlei ou tênis, dá ponto ao adversário). Já o lado par, ou "contramestre", tem a tarefa de reagir aos estímulos do adversário, porém não poderá devolver a bola no sentido correspondente ao do seu último passador (da equipe ímpar – dos mestres); não pode conduzir a bola e só tem direito a dois toques dentro da área de recuo e um toque se passar a bola entre o final da área de recuo e a linha que divide o meio do minicampo.

Regras: O grupo, para manter-se como "mestre", deverá efetuar os passes entre os marcadores (mesmo que não derrube os cones centrais), sem deixar que nenhum de seus cones sejam atingidos pela equipe oposta ou que esta saia antes ou "compre errado" a intenção do passe do jogador do grupo mestre. Já para tornar-se mestre, a equipe oposta deve derrubar um cone da equipe mestra ou forçar 2 erros em uma mesma passagem de comando. Ganha o "desafio da atividade" quem derrubar mais cones (5 pontos) ou quem dentro das baterias tiver menor número de erros (passe ou "compra errada" - 1 ponto ou perda do comando da atividade).

Interferências: Estimular o raciocínio rápido do grupo dos "mestres" com o propósito de esconder a intenção do passe para que o grupo oposto mantenha-se atento e não abandone sua base desnecessariamente, incentivar a correta execução dos fundamentos, bem como os retornos às bases iniciais rapidamente. Motivar os jogadores para dedicar-se a vencer a disputa na atividade.

Duração do trabalho: Cinco blocos (baterias) com 5 minutos cada, com um de descanso para corrigir eventuais erros.

Variações: Altura dos passes (meia altura) para o domínio ser executado em diferentes partes do corpo; permitir a execução de passes laterais entre os grupos; utilização somente de ações com o pé direito, esquerdo; inicialmente poderá ser minimizado o caráter desafiador da atividade, ou seja, utilizá-la sem oposição, mas com o seu propósito mais cooperativo.

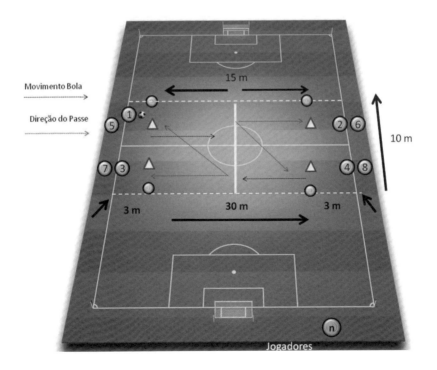

5.3.5.4 Treino de fundamentos: Nunca Duas

Objetivo: Perceber e executar diferentes tipos de gestos do fundamento do cabeceio direcionados para vários sentidos, adequando-se ao "tempo correto da bola".

Descrição da atividade: Todos os jogadores (número 1 até 4) estarão portando uma bola, enquanto apenas um jogador (número 5) estará sem bola em uma posição centralizada. Dependendo com quem o jogador sem bola ficar frente a frente, deverá receber a bola por meio de um arremesso lateral e então golpeá-la de cabeça na direção de um dos demais companheiros. Este, por sua vez, terá de passar a bola imediatamente ao cobrador do arremesso inicial, evitando assim ficar com duas bolas de futebol em mãos, e o companheiro em questão, consequentemente, ainda mais tempo de "mãos vazias".

Interferências: Estimular o raciocínio rápido do jogador central para que ele salte e direcione adequadamente o passe, bem como os portadores da bola para que ajam rapidamente para passar a bola ao colega que efetuou a cobrança de lateral rapidamente.

Variações: Pode-se fazer em dois tempos (domínio no peito e passe em meia altura), utilizar outros fundamentos (passe, por exemplo) e outras alturas do passe, em vez de cobranças de lateral (partindo dos jogadores das laterais); fazer tudo com uma bola mais leve do que a habitual.

Duração do trabalho: Blocos de 2 minutos, com 30 segundos para as trocas de posição entre os 5 integrantes.

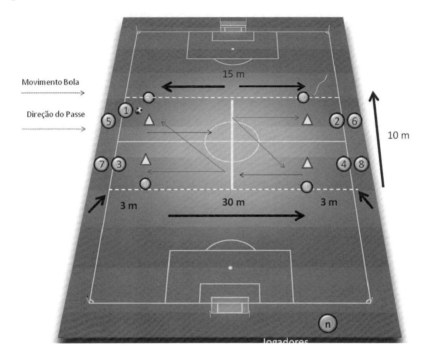

5.3.5.5 Treino de fundamentos: Passe Estratégico (Fut-Dama/Jogo do Caos)

Objetivo: Executar diferentes tipos de passe, em diferentes alturas e ângulos, utilizando-se de componentes perceptivos.

Descrição do jogo: Em duplas, frente a frente (no início), cada jogador fica em um quadrado (2 x 2 m) e dentro dele há um pequeno cone, que será movido a cada passe. O objetivo é acertar o quadrado correto e, se possível, derrubar o pequeno cone do oponente. A cada passe, o jogador tem que trocar de quadrado (acompanhado de seu cone).

Regras: Toda vez que ocorrer um passe, o jogador e o objeto devem ser modificados de lugar: Quem escolhe? Quem dá o passe! Porém, o jogador recebedor deve ter a percepção de enxergar o espaço vazio, pois as movimentações entre as duplas estarão acontecendo simultaneamente, deixando-o assim sem ter para onde ir, uma vez que os três ou quatro quadrados a sua volta poderão estar ocupados. Nesse caso, já que o recebedor não poderá pular "duas casas", o adversário conquistará 5 pontos. Não é permitido acertar outro cone nem outro quadrado, a não ser aquele movido por último pelo oponente. Caso contrário, novamente 3 pontos serão entregues ao adversário. Entretanto, caso o jogador acerte o quadrado e derrube o cone corretamente, o jogador que passou e conquistou o objetivo receberá 10 pontos.

Variações: Tipos de trajetória da bola (somente rasteira, em parábola). Quanto à movimentação: sempre que passar a bola, terá que partir à direita ou esquerda (elementos de raciocínio).

Incentivos: Percepção constante, correção do gesto técnico do passe e colaboração em relação à estratégia.

Tempo: Quatro blocos de 5 minutos por 1 de intervalo.

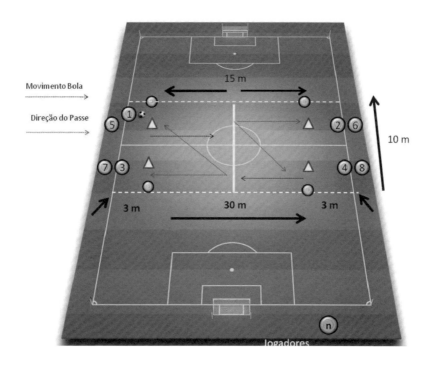

5.3.5.6 Treino de fundamentos:
Jogo dos Cantos (Quinas)

Objetivo: Executar ações técnicas e cognitivas referentes aos fundamentos do domínio e passe (com alternância de ritmo e direções da bola)

Descrição do jogo: Atletas dispostos nos cantos e em sua respectiva área/canto (1,5 x 1,5 m) devem dominar dentro dela (controlando-a nesse espaço, sem deixá-la parar) e passar a bola dentro da área de qualquer outro colega, demarcada pelos pequenos marcadores. Por exemplo, o número 1 pode passar a bola para o 2, 3 ou 4, o qual, ao receber, tem a mesma possibilidade. O jogador número 5 pode escolher correr em volta do quadrado, se assim for. Quem tiver a bola precisará passá-la de primeira (simulando uma situação de pressão no jogo) no canto do jogador número 5. O jogador número 5, por sua vez, poderá correr em cima das linhas de marcação para tentar interceptá-la.

Regras: Os integrantes 1, 2, 3 e 4 podem ter até três erros consecutivos. São eles: a) deixar a bola escapar de sua área enquanto a controla; b) passar a bola fora da área demarcada; c) não jogar de primeira se o jogador número 5 estiver atrás do seu quadrado; d) ter seu passe interceptado pelo jogador 5 (caso ele escolha andar sobre a linha pontilhada). Detalhe: ele não pode invadir a área para marcar; caso isso aconteça, todos os jogadores dentro dos cantos terão um erro subtraído em suas ações. Deixa o posto o jogador que chegar mais rápido aos erros (entre 1, 2, 3 e 4); quando isso ocorrer, ele automaticamente troca de função com o 5.

Intervenções: Estimular a percepção dos atletas no jogo, o raciocínio rápido, bem como a execução correta dos movimentos. Motivá-los a competir e lidar com as diferentes situações – administrar quando lhe é confortável, e também, manter-se equilibrado em desvantagem.

Tempo: Cinco blocos de 5 minutos com 1 de intervalo para as intervenções e descanso dos atletas.

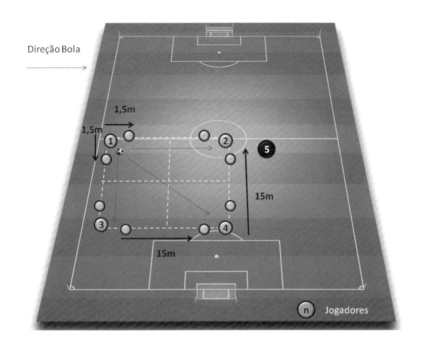

5.3.5.7 Treino de fundamentos: "Slalon"

Objetivo: Realizar deslocamentos com alta velocidade sem perder o controle da bola, efetuando finalização ao final do "percurso".

Descrição da atividade: O jogador desloca-se em velocidade rápida trocando de direção sem derrubar nenhum obstáculo em um determinado tempo (6 segundos, por exemplo); soma-se a passagem pelos obstáculos, o grau de dificuldade do drible e o gol, caso aconteça. A pontuação é individualizada.

Tempo: Quatro blocos de 5 minutos com 1 de descanso (dependendo do número de pessoas na coluna o tempo ativo pode ser maior).

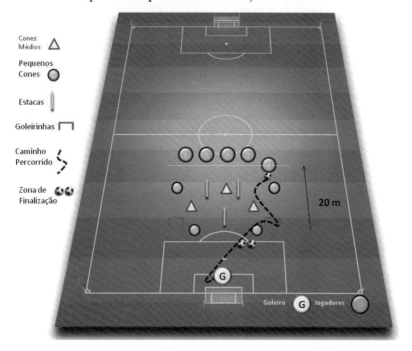

5.3.5.8 Treino de competição: Jogo de Circulação

Objetivo: Desenvolver aspectos referentes ao trabalho de posse de bola por meio de "escolhas" ofensivas.

Descrição do jogo: Duas equipes (11 x 11 – organizadas dentro de um esquema de jogo tal qual é usado habitualmente, 4-2-3-1, por exemplo) têm o objetivo de fazer pontos no momento em que estiverem em posse da bola por meio de uma determinada circulação. Esta pode ser considerada de duas maneiras. Ao se passar a bola no espaço: partindo de uma linha lateral à outra, ou então simplesmente saindo com a bola de uma das linhas laterais à linha central, regressando para o mesmo lado. Após a utilização de uma das duas manobras, a equipe pode (ou não) verticalizar o jogo, uma vez que cada circulação lhe dará 1 ponto. Por outro lado, se a equipe conseguir derrubar um cone após a circulação, esta então ganhará 5 pontos (mais o número de circulações que conseguiu realizar). E se, por acaso, fizer o gol, a bonificação passa a ser de 10 pontos (novamente: mais o número de circulações realizadas durante o ataque). A equipe pode ainda optar por fazer o gol na goleira sem circular a bola. Nesse caso, marcará apenas 1 ponto, ficando sem direito de receber a bonificação pela ação ofensiva.

Intervenções: Conduzir os atletas a desenvolverem uma "leitura de jogo" seletiva durante a atividade, ajudando-os a encontrar a melhor solução de acordo com a situação do jogo.

Variações: Limitar os números de toques (no campo todo ou em zonas específicas); permitir que a equipe com a posse de bola possa se dirigir ao gol para finalizar somente depois de circular a bola.

Tempo: Aproximadamente 35 minutos (incluindo as pausas para intervenções).

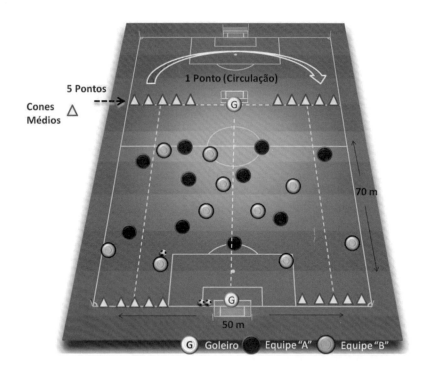

5.3.5.9 Treino de competição: Jogo das Escolhas

Objetivo: Estimular ações seletivas na fase de ataque (jogo circulado ou vertical).

Descrição do jogo: Três equipes. Uma joga como apoio (posicionada nas linhas laterais, conforme a figura). Nesse caso, um apoio participante, já que toda vez que for acionada, poderá entrar no centro do jogo, enquanto outras duas equipes se colocam em situação de oposição. Existem duas maneiras de se pontuar no jogo. A primeira é circular a bola utilizando apoios de quadrantes diferentes (e depois da primeira circulação, toda a utilização de apoio durante a posse somará mais 1 ponto – ou seja, em uma posse a equipe poderá efetuar 4 ou mais pontos caso continue com a bola). A outra maneira é finalizar na goleira central (em forma de um quadrado vazado para que a bola permaneça sempre em movimento), onde dois goleiros estão prontos para defendê-la, deslocando-se pelos quatro lados. Esta segunda maneira representa 3 pontos de bonificação.

Intervenções: Auxiliar os atletas na percepção das melhores escolhas, já que será necessário definir quando se é melhor atacar pelo meio ou quando a opção mais adequada é atacar "por fora", pelos lados. Contribuir no esclarecimento referente às possíveis linhas de passe imediatas e futuras.

Variações: Jogo com limitação de toques; enfrentamento dividido – uma equipe só defende o meio e outra somente tenta atacar.

Tempo: Aproximadamente 35 minutos (incluindo as intervenções: paradas para correção).

Conferência sobre os Pressupostos Metodológicos dos Treinamentos de Futebol, nos ciclos de longa e média duração. Cidade de Tianjin, na China.

Participantes da Conferência sobre os Pressupostos Metodológicos dos Treinamentos de Futebol na cidade de Tianjin, na China

Clínica sobre futebol para os alunos de uma escola pública em Cingapura. Convênio do Clube dos Treze, Governo de Cingapura e Embaixada do Brasil em Cingapura.

Clínica de futebol em Cingapura

Clínica sobre treinamento desportivo orientados para a prática do futebol por crianças. Professores e alunos de uma escola privada em Cingapura.

Curso para os treinadores da Associação de Futebol de Cingapura

Curso para os treinadores de futebol de Macau

Clínica sobre os princípios pedagógicos do treinamento desportivo aplicado ao futebol. Professores e alunos das escolinhas de futebol de Guangzhou.

Capítulo 6

TREINAMENTOS NO CICLO DE MÉDIA DURAÇÃO: CATEGORIAS SUB-16 A SUB-19

6.1 Introdução

São raros os jogadores que iniciam sua formação antes dos 16 anos de idade nas divisões inferiores dos clubes e atingem a elite da pirâmide no mesmo clube. Normalmente, os jogadores com idade inferior a 16 anos são selecionados em função da força muscular, robusta estrutura esquelética e ações técnicas diferenciadas. Muitos estão com maturação acelerada e rapidamente alcançam posições de titularidade nas equipes. As características físicas de adultos são o trunfo competitivo na categoria.

Enquanto isso, meninos com maturação normal ou retardada ficam em desvantagem. Frequentemente ocupam posições secundárias nas equipes, e muitos, ainda que vocacionados para o futebol, são excluídos dos grupos.

O *ponto de virada* ocorre justamente quando começam os treinamentos com progressão de cargas, na etapa em que o jogador apresenta equilíbrio entre a idade biológica e a cronológica. Representada no corpo superior da pirâmide, esta é a fase de consolidação do rendimento desportivo. Nesse momento, muitos dos jogadores que se destacavam nas divisões inferiores (corpo inferior da pirâmide) por maturação adiantada não são promovidos para as categorias superiores ou passam a ocupar posições secundárias. As vantagens competitivas deixam de existir, e agora o que vale são as potencialidades físicas, técnicas e táticas. Dado tempo ao tempo, presencia-se um fenômeno comum na transição base-time principal: muitos dos destaques das divisões de base decaem e jogadores antes ofuscados atingem o status de novos craques.

O baixo aproveitamento de jogadores iniciados nas divisões inferiores dos clubes brasileiros antes dos 16 anos pode ser explicado, em boa medida, pelo raciocínio *coletivista*. Eventualmente, essa situação é agravada por excessos de pressão e por métodos de treinamentos reducionistas, que aplicam padrões simplificadores a uma dinâmica complexa como a formação de jogadores. Em muitos casos, os gestores parecem esquecer que uma promessa é justamente isso, uma promessa: um talento bruto, muitas vezes escondido num corpo ainda débil, numa personalidade imatura.

Se pudéssemos encontrar promessas como se encontram pedras preciosas, que brilham por si mesmas (e mesmo pedras precisam ser lapidadas), os profissionais e a formação nas divisões inferiores seriam dispensáveis. Os preocupantes casos em que o clube atua não como um lapidador de talentos brutos, mas como um agente cegado pelas metas imediatas, substituindo o trabalho a longo prazo, voltado ao florescimento de singularidades, pelo de curto prazo, centrado na formação imediata de coletividades competitivas, são suficientes para nos levar a refletir sobre o modo como estamos formando nossos atletas.

6.2 Parâmetros das fases de desempenho dos jogadores de futebol

Pirâmide das divisões dos treinamentos

A pirâmide por etapas de desempenho pode ser interpretada a partir de quatro estágios:

a) A base – parte inferior da pirâmide, engloba os jogadores que praticam o futebol com liberdade na infância e adolescência. Os jogadores não pertencem aos clubes de elite, os treinamentos são praticamente informais.

b) O corpo inferior – porção intermediária da pirâmide conectada à base; representa os jogadores de futebol que na infância e adolescência (entre 12 e 15 anos, em ordem crescente) são orientados por treinamentos formais nas divisões inferiores dos clubes de elite.

c) O corpo superior – é a porção intermediária da pirâmide ligada ao topo; representa os jogadores de futebol entre 16 e 19 anos, selecionados na divisão de base do clube e orientados pelos treinamentos formais. Nesta mesma porção, também estão os jogadores orientados por treinamentos formais contratados junto a outras agremiações. E, por fim, os jogadores que durante a infância e adolescência estavam na base da pirâmide, ou seja, que não treinavam nos clubes de elite. Desprovidos dos treinamentos formais, são captados por observadores para integrar as categorias de Juvenil e Júnior dos clubes de elite. Apenas entre 16 e 18 anos é que iniciam os treinamentos formais, nos clubes de elite.

d) As divisões inferiores dos clubes de elite estão representadas na parte do corpo inferior (b) e na parte do corpo superior da pirâmide (c).

e) O topo ou pico – porção dos clubes de elite na pirâmide, representada por jogadores que integram as equipes de elevado rendimento (equipes das Séries C, B e A – cume da pirâmide).

6.2.1 Divisão de conteúdos para o ciclo de treinamentos de média duração

Priorizamos para esse ciclo de treinamento a sistematização da prática das técnicas específicas, progressão de exercícios táticos e estratégicos, otimização da força, velocidade e resistência, participação efetiva e seletiva em competições, e a inclusão de treinamentos adicionais para equilibrar e promover os componentes físicos ou técnicos.

Selecionamos os seguintes conteúdos interativos de treinamentos:

▶ Treinamentos estruturais de força, resistência e velocidade

▶ Treinamentos técnicos e táticos

▶ Treinamentos estratégico-táticos

▶ A competição como um importante embasamento pedagógico para o processo de transição

▶ A importância dos treinamentos adicionais como

um projeto de extensão para a excelência do rendimento

►Conteúdos teóricos e práticos para o ciclo de média duração

6.3 Os treinamentos estruturais de força, resistência e velocidade

O estágio no ciclo de média duração estabelece uma íntima relação com o processo de crescimento. Corresponde à adolescência média (15 aos 16 anos) – período em que o estirão é finalizado e as estabilizações corporais, obtidas. É a fase sensitiva para o treinamento das técnicas combinadas, da compreensão do jogo (cultura tática) e o incremento das estruturas físico-motoras (força, velocidade e resistência). A qualidade dos treinamentos no período de formação especializada é determinante para o sucesso do rendimento na adolescência final (17 aos 21 anos), período específico para a progressão de cargas e início do elevado rendimento competitivo. Os treinamentos dos componentes físico-motores, na adolescência média, devem retificar os desvios, compensar os desequilíbrios é provocar um desenvolvimento harmonioso entre todos os componentes.

6.3.1 A força nos ciclos de longa e média duração

O desenvolvimento da força e do metabolismo anaeróbio está condicionado à produção hormonal de testosterona, que atinge na adolescência inicial (11 aos 14 anos) de 8 a 53 ng/dL (nanogramas/decilitro), enquanto na adolescência final (17 aos 21 anos) alcança os valores de 200 a 970 ng/dL. O aumento exponencial da testosterona e, consequentemente, o nível de força passam a ser superiores na adolescência final.

Assim, considerando essas nuances do desenvolvimento corporal, para o futebolista atingir o elevado rendimento em cabeceios, contatos corporais, mudança de direção, potência nos chutes e arrancadas, deverão ser assegurados, no primeiro ano desse ciclo de treinamentos, os pressupostos básicos para esses domínios – através do treinamento de força que utiliza o próprio corpo, evitando sobrecargas adicionais.

Como conteúdos do treinamento nos ciclos de formação, são orientados os multilançamentos, os multissaltos e os exercícios de força em forma de jogos e circuitos. Os multilançamentos têm como fim o desenvolvimento da força muscular dos membros superiores e tronco. Neles, são utilizadas bolas de medicinebol com peso de até 1,5 kg, lançadas sobre a cabeça com uma ou duas mãos, de diferentes formas e posições. Por sua vez, os multissaltos priorizam o desenvolvimento da força muscular do trem inferior. São saltos variados, que usam as pernas alternadas ou simultaneamente, e também saltos sobre barreiras, com distâncias e alturas adaptadas às características do futebolista.

Para influenciar positivamente o desenvolvimento da força, é suficiente um volume total de 80 a 100 contatos com o solo por sessão de treino – o que dá de 150 a 200 contatos por semana. Vale notar: o período de sobrecarga não deve ultrapassar seis segundos, e é desejado que esse tipo de treinamento esteja disperso em seis a oito semanas.

Na continuidade dos treinamentos de força, no ciclo de média duração (16 a 19 anos), deve ser considerada a progressão efetiva das cargas. Os métodos de resistência de força e força máxima, com o emprego dos pesos livres, de aparelhos baseados em polias assimétricas e de equipamentos pneumáticos, são orientados entre duas a três vezes por semana em sessões de treinamentos com duração de 25 a 40 minutos. As séries são progressivas com o mínimo de duas e o máximo de quatro séries. Os exercícios selecionados devem abranger todos os grupos musculares. O número máximo de repetições por exercícios oscilam entre 10 a 15 com a finalidade de melhorar a resistência e entre 4 a 6 para provocar um elevado recrutamento das unidades motoras e aperfeiçoar a força máxima. Na sequência dos treinamentos devem ser incluídos exercícios de equilíbrio postural, muscular e a tonificação dos grupos musculares da região dorsal e abdominal.

6.3.2 Os treinamentos de resistência no período de formação especializada

Para o efetivo desenvolvimento da resistência aeróbica, poderão ser utilizadas diferentes formas de jogos, eventuais corridas intervaladas com média e baixa intensidade, assim como a corrida contínua em períodos não competitivos. Mas, é bom ter em conta, o excesso de corrida contínua de longa duração e os treinamentos intervalados podem repercutir negativamente sobre o desenvolvimento das qualidades técnicas e das qualidades motoras de velocidade e coordenação, além de provocar, no jogador de futebol, aborrecimento e falta de motivação para o treinamento.

O período de formação especializada é próprio para o treinamento da resistência anaeróbica lática com a repetição de esforços rápidos e pausas moderadas. O desenvolvimento dar-se-á de forma progressiva, buscando ativação da via e acostumando o organismo a trabalhar com quantidades moderadas de ácido lático. Durante o treinamento, começarão a aparecer sintomas de dores musculares, sensação de pernas pesadas, pequenas alterações na qualidade dos fundamentos técnicos e frequência cardíaca elevada.

Quando tratamos do desenvolvimento da resistência anaeróbica lática, recomendam-se, preferencialmente, jogos de curta duração, sob pressão, com intensidade elevada, e pausas reguladas (3 x 3, 3 x 4, 4 x 2, 4 x 3, 3 x 2, 2 x 3 etc.), podendo incluir de 3 a 5 acelerações entre 15 e 20 metros após cada bloco de jogo, com a finalidade de condicionar os jovens futebolistas para as repetidas fases de transições no jogo.

6.3.3 As diferentes manifestações da velocidade

A velocidade é um componente físico-motor indispensável à concepção do futebol atual. A progressão do nível de jogo está relacionada à capacidade dos jogadores de futebol realizarem suas ações em espaços cada vez mais reduzidos e a velocidades cada vez maiores.

Os treinamentos da velocidade no futebol exigem muito dos sistemas neural, hormonal e perceptivo. Portanto, o volume de treinamento é reduzido e as pausas de recuperação são grandes. De igual forma, o desenvolvimento da capacidade de concentração exerce papel decisivo no desempenho da velocidade: ele permite o controle dos processos psicorreguladores pertencentes aos fundamentos psicológicos e cognitivos da velocidade.

A velocidade se manifesta de diferentes formas no futebol

Eis algumas das maneiras em que a velocidade se manifesta: em estado genuíno; nos deslocamentos sem a bola; em resposta aos sinais visuais, cinestésicos e auditivos; em contato com a bola através das fintas, dribles e passes. Associada à força, a velocidade é traduzida nos saltos para o cabeceio, nos deslocamentos, nas mudanças de direção, nas recepções e nos chutes.

Ela está diretamente relacionada com o tipo de fibras musculares, com a coordenação e com o nível de execução técnica. É importante ensinar o jogador de futebol a atuar em velocidade ótima, na qual os movimentos são realizados com a maior velocidade possível dentro da máxima eficiência técnica, ou seja, a velocidade de execução deve estar relacionada às suas capacidades momentâneas.

Se os exercícios forem combinados com sinais para seu início, podem contribuir simultaneamente para o desenvolvimento da velocidade de reação e para o treinamento da velocidade estrutural, que representa a possibilidade de reagir a um estímulo concreto no menor tempo possível. São selecionados exercícios com estímulos acústicos, táteis ou óticos, com saída estática ou em movimento, abrangendo distâncias entre 5 e 15 m, pausas de aproximadamente 1 minuto e número de repetições entre 10 e 15. São aplicáveis ao treinamento da velocidade de reação não específica.

Outro conceito indispensável é o treinamento da velocidade de ação. Por ele, entendemos a capacidade de se efetuar uma série de movimentos com grande percepção, rapidez e precisão, no menor tempo possível. Assim sendo, para se atingir tal resultado, é necessária uma estreita combinação entre as exigências de ações rápidas em atividades que mantenham um aumento gradual da complexidade das informações do jogo em situações específicas.

Durante os treinamentos, são enfatizados a correta utilização da técnica, a elevada qualidade de execução e os períodos de recuperação – é fundamental que se evite o declínio da qualidade de execução. As situações previstas para os treinos devem se correlacionar com as situações de jogo. Alguns exemplos de simulações: contra-ataques, confrontos, antecipações, tomadas de decisão com finalizações, passes, recepções e períodos ótimos de recuperação.

As ações no futebol, em suma, são realizadas através de força e velocidade ótimas, com grande precisão e resolução. Não são comuns ações realizadas com força e velocidade máxima. Os treinamentos que exigem intensidade e simulem as diferentes situações de jogo, orientados com um nível gradual de complexidade, provocam adaptações expressivas do componente velocidade.

A idade biológica é estimada por meio da maturação, apurada através do desenvolvimento do sistema esquelético e das características sexuais secundárias.

6.4 Treinamentos técnicos e táticos

Os conteúdos dos treinamentos técnicos e táticos no futebol não se encontram dissociados, cada um apresenta atributos próprios, mas mantém inter-relações na dinâmica do jogo. No transcorrer dos treinamentos é difícil abordá-los de maneira independente. Uma exceção acontece quando o ensino da técnica é realizado por partes, com a finalidade de automatizar o gesto. Nessa situação o treinamento técnico encontra-se dissociado do tático.

Os treinamentos devem ser orientados com intensidade, deslocamentos rápidos e destacando as dinâmicas funcionais do jogo. São empregados como procedimentos metodológicos: jogos reduzidos com variações nas dimensões do terreno de jogo, jogos com regras simplificadas, jogos com dinâmicas funcionais diferentes e jogos posicionais.

Na organização dos treinamentos devemos criar e selecionar exercícios decompondo o jogo em conjuntos funcionais, mas sempre preservando o significado de totalidade. Devemos projetar estímulos que contemplem o encadeamento das ações ofensivas e defensivas para o elevado rendimento competitivo dos jogadores.

Nas ações ofensivas devem ser incluídos exercícios que simulem o jogo real e reúnam na sua dinâmica funcional a combinação dos seguintes elementos técnicos: progressão, condução da bola, desmarque com recepção, passes, fintas, a criação de espaços, as finalizações, ajudas recíprocas, aproximações, paredes, ações combinadas, mudanças de ritmo de jogo, desmarque com apoio e as transições ofensivas com superioridade numérica.

Quando a equipe perde a posse de bola, tem o início da retomada da marcação através da transição defensiva. Nas ações defensivas devem ser incluídos exercícios que simulem o jogo real e também reúnam na sua dinâmica funcional a combinação dos seguintes elementos técnicos: marcação, pressão, balanço defensivo, ações combinadas, antecipações, vigilância, posicionamento, cabeceio, defesa por zona, cobertura, antecipação e interceptação.

6.5 Treinamentos estratégico-táticos

As variações nas dimensões de campo para campo, combinadas com as mudanças de piso (tipos de gramas, densidade do solo, nivelamento do terreno), somadas à necessidade, inerente ao esporte, de controlar, chutar e passar a bola com os pés, associadas aos fatores climáticos – chuva, vento, frio, neve, orvalho etc. –, traduzem o espaço instável e incerto onde se desenvolvem as ações do jogo de futebol.

Os treinamentos estratégico-táticos, no decorrer do processo de formação, são orientados para preparar o jogador de futebol a atuar em um ambiente complexo e mutável. Os exercícios são selecionados para provocar adaptações interativas dos componentes físico-técnicos e provocar dissonâncias cognitivas na busca de soluções para os diferentes problemas que o jogo apresenta.

Destacamos três fundamentos básicos para o aprendizado: padrões organizacionais por setores, técnicas de transições defensivas e ofensivas, e o desenvolvimento cognitivo para as tomadas de decisões imediatas. A finalidade é preparar o jogador para a prática de ações rápidas, solidariedade tática, objetividade técnica e, por último, a compreensão e a prática de posicionamentos em diferentes sistemas de jogo.

Os processos de organização e a proposta de jogo são estabelecidos de acordo com as concepções dos treinadores, as características individuais e coletivas dos jogadores e os recursos disponíveis. A qualidade dos atributos físicos, técnicos e cognitivos dos jogadores é determinante para estabelecer os critérios e os procedimentos metodológicos para os treinamentos das transições, a saída da defesa para o ataque ou o inverso, do ataque para defesa, enquanto para a elaboração das estratégias são considerados os predicados individuais e coletivos, o comportamento posicional e o retrospecto das alternativas táticas da equipe adversária.

6.6 A competição como um importante embasamento pedagógico para o processo de transição

As competições estimulam a transição dos jogadores de categoria a categoria, até chegar ao time principal. As experiências em competições contribuem para promover o nível de rendimento do jogador. A sequência de jogos e os distintos tipos de dificuldades servem como um laboratório de observação, avaliação e intervenção nos processos de aprendizagem-treinamento. Lembremo-nos do elementar: atletas aprendem a competir competindo.

Competindo, o jogador condiciona sua mente para a vitória. Mesmo na derrota, ele pode adotar uma postura construtivista, sem pessimismo. Com as avaliações após as derrotas, as comissões técnicas podem conscientizar os jogadores sobre os pontos fracos individuais ou coletivos, estimulando, assim, a vontade de aprender e de avançar.

As comissões técnicas devem analisar as informações dos jogos para motivar, redefinir e realimentar os processos de aprendizagem-treinamento. Com isso, elas exercem um papel decisivo para promover a excelência esportiva. As ferramentas de avaliação devem registrar comportamentos técnicos, físicos, táticos e emocionais, seguindo padrões de rendimentos bem específicos.

Nessa etapa de formação, as comissões devem avaliar também a conduta fora de campo. A alimentação em casa, o tempo de descanso e a vida social são elementos importantes para se entender o jogador e o seu desempenho. De nada adianta, por exemplo, o jogador ser pontual nos treinos, mas excessivamente festeiro nas folgas. O jogador não pode ser visto apenas como um corpo mecânico com certas funções – ele deve desenvolver sua consciência, tornando-se responsável por sua vida.

Com informações objetivas sobre o jogador, a comissão pode reestruturar a rotina dos treinamentos, adequando-a a necessidades individuais. Por meio da qualidade e da continuidade dessas intervenções, o jogador desenvolve o autoconhecimento do seu estado de desempenho, reforça a autoestima, encontra o equilíbrio, tolera as frustrações, mantém o autocontrole em situações de pressão e desenvolve uma postura vencedora.

Quanto maior a exigência em jogos e campeonatos, maior o potencial de crescimento do jogador. O jogador cresce não apenas física, tática e tecnicamente, mas também psicológica e espiritualmente. Ele ganha autoconfiança, tornando-se persistente. Mas, para isso funcionar, os mecanismos pedagógicos das intervenções devem ser fundamentados em atitudes construtivas, baseadas na realidade do clube, nos objetivos e nos princípios de treinamentos do futebol.

6.7 A importância dos treinamentos adicionais como um projeto de extensão para a excelência do rendimento

Os treinamentos adicionais para o desenvolvimento do jogador de futebol abrangem atividades com objetivos pontuais, buscados de forma gradual e contínua. Esses treinamentos são determinados pelos recursos disponíveis e pela cultura organizacional do clube. As comissões técnicas, a equipe de saúde e os diretores do departamento de futebol participam da montagem dos treinamentos adicionais.

O coordenador é nomeado por uma das equipes para liderar os treinamentos adicionais. Ele se guia por metas definidas caso a caso – podem ser metas de curto, médio e longo prazo. Os projetos apresentam, na sua estrutura formal, as seguintes informações básicas: objetivo, conceito, método, atividade, cronograma e orçamento.

Os objetivos, expressos com clareza, devem ser concretos e alcançáveis. Sugerem "*o que* fazer", enquanto os conceitos sugerem "*por que* fazer". Por sua vez, os métodos tratam de "*como* fazer", apresentando os caminhos indicados para a concretização dos objetivos.

As atividades são os conteúdos técnicos ou estruturais programados num cronograma. Muitas vezes, é necessário incrementar o nível de força de um determinado jogador, para aperfeiçoar o equilíbrio nos contatos corporais, a luta pela posse da bola e as ações rápidas de jogo. Os jogadores, em geral, são incluídos em projetos de treinamentos adicionais que visam à melhoria da força em diferentes dimensões. De forma igual, os jogadores que necessitam apurar componentes técnicos recebem treinamentos adicionais para melhorar esses fundamentos. Por último, quando necessário, o orçamento descreve as receitas e despesas desse projeto.

Modelo de projeto de treinamentos adicionais para fundamentos técnicos

Objetivos: Reforçar os processos de ensino-aprendizagem – treinamento dos chutes (com a bola parada e em movimento), com programação e reprogramação mental, usando a autovisualização da imagem.

Equipe: Comissão técnica, equipe de saúde e especialista em biomecânica.

Coordenador: Designado pela equipe.

Forma de atuação: Para aprimorar os fundamentos técnicos dos chutes, consideram-se a estabilidade do tronco, o nível de força ótima, a mobilidade pélvica e a mobilidade dos quadris e dos joelhos. As ações devem ser coordenadas e sincronizadas. Os treinamentos são norteados pela continuidade, pela repetição e pelo aumento progressivo do número de chutes.

Metodologia: Métodos analítico, situacional e global.

▶ Método analítico: treinam-se as partes dos fundamentos dos chutes.

Os treinadores observam a posição, a preparação, o movimento da perna do chute e, por último, a continuidade do movimento. Com base no que veem, treinam as partes e realizam as intervenções para corrigir a mecânica dos movimentos.

Os seguintes pontos devem ser analisados: as posições do pé e da perna de apoio, e o balanço (responsáveis pela precisão e direção dos chutes); o posicionamento do tronco; o movimento dos braços; o equilíbrio do corpo; a força e a velocidade aplicada à bola.

▶ Método situacional: neste, treinam-se os chutes em situações de igualdade (2 x 2, 3 x 3) e situações de superioridade numérica (2 x 1, 3 x 2, 4 x 3).

▶ Método global: aqui, analisam-se mais detalhadamente os fundamentos técnicos nos jogos-treinos estruturados. Os treinamentos são filmados e reproduzidos na sala de projeção, com monitor eletrônico. As seleções das imagens, os procedimentos didáticos e pedagógicos, as programações, os métodos, as técnicas de medição e as análises são orientadas pelas comissões técnicas com assessoria do especialista em biomecânica.

Conceito: No futebol, o rendimento resulta não somente do esforço muscular, mas também da complexa série de processos motores e perceptivos, que envolvem decisão, controle, regulação e execução. A excelência da técnica depende do domínio das estruturas motoras e da magnitude dos componentes físicos. Ela se traduz em rendimento máximo nas situações mais adversas do jogo. O domínio e a excelência técnica são, em suma, a chave para o elevado desempenho de um time.

Cronograma: Primeira etapa: seis semanas com duas unidades de treinamentos semanais. Segunda etapa: doze semanas com uma unidade de treinamento semanal.

Parceria: Laboratório de biomecânica, universidade e produtoras audiovisuais.

Despesas: Entre quatro e seis horas mensais. Consultoria de um especialista em biomecânica.

6.8 Conteúdos teóricos e práticos para o ciclo de média duração

A seleção dos conteúdos teóricos e práticos foi sugerida por Wilson Souza, integrante do setor de metodologia pedagógica e colaborador técnico do Projeto Aprimorar, das divisões de base, Odair Hellmann, assistente técnico da equipe principal do Sport Club Internacional e da Seleção Brasileira Olímpica, e Mauricio Dulac, analista de desempenho do Sport Club Internacional e da Seleção Brasileira principal.

6.8.1 Treino técnico: Jogo das Goleirinhas

Objetivos: Executar domínios e passes dos lados (direito e esquerdo); estimular ações estratégicas individuais.

Descrição: Dois a dois, um jogador de frente para o outro: deverão executar um domínio (somente dentro da área de recuo, com aproximadamente 2 metros) e o passe; porém, este deve ser adequado ao lado em relação ao seu corpo. Um cone situado no centro dessa goleira (que se recomenda ser de aproximadamente 2 metros) determina a divisão lateral –, por exemplo, se a bola vier do lado direito, o jogador deverá dominar e passar com o pé adequado em relação à passagem do lado da bola.

Regras: Cada vez que o passe não for rasteiro, ou que o passe não chegar à goleirinha, o adversário pontuará (1 ponto). Outra maneira de pontuar é derrubando o cone do adversário (3 pontos). Entretanto, o jogador do lado oposto poderá antecipar o cone; porém, se a devolução não for rasteira e/ou sair dos limites da goleira, ele dará 5 pontos a seu oponente.

Variações: Dominar de um lado e passar a bola pelo outro; dominar e passar pelo lado oposto ao pé dominante (exemplo: dominar e passar com o pé direito caso a bola venha pelo lado esquerdo); exigir somente que o passe seja adequado ao lado da trajetória da bola e liberar o domínio.

Tempo de duração: Quatro blocos de 4 minutos por 1 de descanso (aproveitando para orientar os atletas no intervalo).

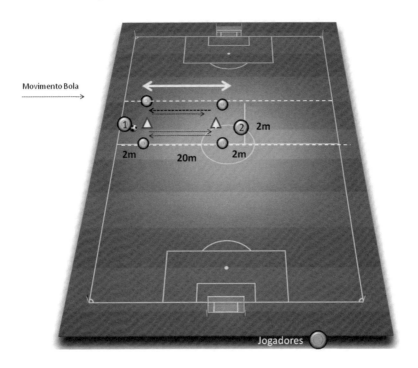

6.8.2 Treino técnico: 2 x 1 com retorno "+1"

Objetivo: Retardar as ações de ataque do adversário; estimular a ação do retorno defensivo; executar pressão imediata após a perda da bola.

Descrição da atividade: Em colunas – Um dos jogadores, o número 1, por exemplo (em preto), conduz a bola até a frente da área e "simula" um erro de passe "escolhendo" um dos jogadores cinzas para passar a bola; imediatamente, ele diminui o espaço e o número 2 (em preto) corre para ajudar o seu companheiro; se eles roubarem a bola, terão o contra-ataque. Na próxima ação, quem defendeu passa a retornar e quem retornou faz o trabalho de temporização (simulando o erro de passe). Regras de jogo normais, porém em espaço reduzido.

Intervenções: Dicas de angulação defensiva e abordagem individual ou em dupla; estimular retorno rápido; utilizar a regra do impedimento em favor da defesa.

Tempo: Quatro blocos – dois por equipe na defesa –, com 5 minutos por 1 de descanso (dependendo do número de jogadores nas colunas).

6.8.3 Treino técnico: finta e finalização

Objetivo: Executar ações de drible, finta e finalização combinadas.

Descrição da atividade: O jogador que sai da coluna em direção ao gol desloca-se em velocidade mediana conduzindo a bola e "troca a velocidade" quando se aproxima do cone na hora da finta, executa um drible com a parte externa do pé, de fora pra dentro (por exemplo, da posição 1 em direção à 2), para executar o chute com o lado interno do pé em direção ao gol; como são três goleiras, os jogadores iniciam simultaneamente em suas respectivas goleiras; os de número 1 executam a finta e drible para o lado esquerdo e chutam com o pé respectivo ao lado, os jogadores 2 "escolhem" o lado da finta e drible, já os 3 fintam, driblam e finalizam com o lado direito e pé direito. Os jogadores, após o chute, retomam a bola e se dirigem à coluna da direita – após o chute na última coluna (número 3), se deslocam à primeira.

Variações: Fintas e dribles do centro em direção à lateral (meio para "fora") e chute com o peito do pé; diversificação dos dribles (elástico, lambreta, por exemplo); realizar competições com os goleiros como "oposição" estabelecendo número de gols em um determinado tempo (isso motiva bastante os atletas a se empenharem ainda mais).

Tempo: Três blocos com aproximadamente 4 minutos com 1 de intervalo (isso depende do número de integrantes nas colunas).

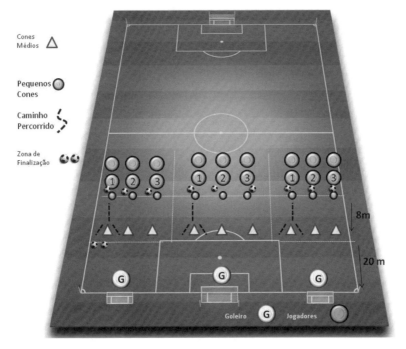

6.8.4 Treino técnico: campo reduzido 8 x 8 com oito apoios

Objetivo: Definição das jogadas com posse sustentada, manutenção da posse e circulação de bola.

Descrição do jogo: Em campo reduzido, posicionar oito atletas para cada equipe (três equipes). Este jogo pode ser trabalhado com posicionamento tático ou não. Cada equipe tem como objetivo fazer o gol, podendo passar a bola pelos jogadores de apoio fora do campo. Quem está fora do campo (apoio) deve somente dar um toque na bola. Dentro do campo, os atletas começam jogando em dois toques. Duas equipes se enfrentam com objetivo do gol.

Interferências: Controlar a intensidade do jogo.

Duração do trabalho: Blocos de 5 a 7 minutos com alternância das equipes que estão dentro do campo de jogo.

Variações: Determinar número de toques mínimos. Determinar a troca das equipes de acordo com os objetivos alcançados (por exemplo, a cada gol feito).

Dados físicos monitorados:
Duração: dois blocos de 5 minutos
Distância percorrida: 770 metros
Velocidade média: 4,1 km/h
Pico de velocidade: 26 km/h
Acelerações > 2,5 m/s/s: 8 acelerações

6.8.5 Treino tático-estratégico: Alta Pressão

Objetivo: Desenvolver ações defensivas por meio da marcação adiantada (pressão alta, compactação e coberturas)

Descrição da atividade: A bola sai com a equipe cinza e ela tem por objetivo tentar fazer gol nas goleiras (estacas nas laterais), ou na goleira principal defendida por seu oponente, o time preto.

Já a equipe preta deve defender as três goleiras localizadas na zona de pressão alta (grande área e intermediária ofensiva), sendo que a bem no centro do campo está dirigida às laterais, com o propósito de o time da defesa não deixar o adversário virar o jogo e permanecer compactado na fase defensiva. Toda a vez que a bola sair de jogo, a partida recomeça na meta da equipe de ataque (cinza, como está na imagem).

Regras: Os pontos do time que ataca nas quatro goleiras são os seguintes: nas goleiras de estacas nas laterais – 2 sem goleiro e uma com, 1 ponto a cada passagem da bola (sendo que pode ter passe ou finalização nos dois sentidos) e a goleira principal vale 2 pontos. Já o time da defesa (preto) pontua com as regras formais do jogo. O saldo é acumulado nas passagens da defesa e ataque.

Intervenções: A equipe deve estar sempre compactada (nas zonas alta e neutra – em relação a esta atividade), todos devem correr juntos; quando a equipe de defesa estiver com a bola, utilizar o tempo corretamente para manter a posse e ganhar tempo.

Tempo: Dois blocos de 20 minutos com 2 de intervalo entre eles (um para cada equipe participar da fase defensiva e ofensiva).

6.8.6 Treino tático-estratégico: Jogo dos 4 Apoios (10 x 14)

Objetivos: Desenvolver ações ligadas ao jogo de ataque e transições para a defesa com pressão imediata, retorno e retomada; desenvolver a seletividade na manutenção da posse de bola e ataque; estimular a cobertura defensiva do goleiro (como uma espécie de líbero).

Descrição do jogo: Duas equipes em oposição, mais quatro apoios em situação inicial neutra. A bola começa com a equipe preta (com um passe do treinador, forçando o aparecimento das linhas de passe para a saída de jogo); o objetivo da equipe preta é chegar ao gol adversário e finalizar a jogada. Já a cinza pode tanto finalizar na goleira próxima à zona neutra como na goleira localizada na zona de cobertura. A última bola obrigatoriamente deverá passar pelos apoios.

Detalhe: a) Função dos apoios – Os apoios, depois que acionados, poderão devolver o passe para a zona de ataque e receber já na área de cobertura, ou virar a bola na zona neutra para o lado oposto; assim, o ataque com os 14 jogadores poderá ser executado tanto na goleira da zona de cobertura quanto na zona neutra. B) Somente na zona neutra não é cobrado o impedimento.

Intervenções: Estimular a retomada da posse de bola rápida; quando perder a bola, todos devem ajudar organizadamente, pois, se todos correrem para a zona de cobertura, abrirão espaços para sofrerem gols na zona neutra.

Tempo: Dois blocos com aproximadamente 20 minutos (2 minutos de intervalo entre eles), um para cada equipe vivenciar cada fase do jogo.

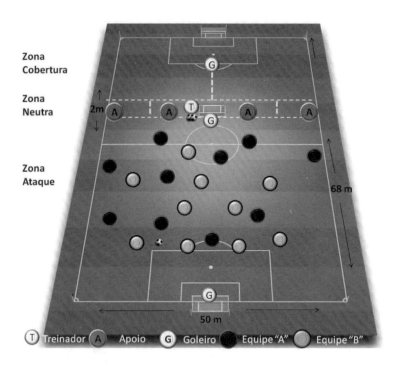

Capítulo 7

AVALIAÇÕES E OS CONTROLES FISIOLÓGICOS[6]

[6] Este capítulo foi escrito pelo preparador físico Felipe Celia, especialista em Fisiologia do Exercício.

7.1 Introdução

A determinação e padronização do sistema de avaliação física de uma equipe de futebol são extremamente complexas. O entendimento das demandas fisiológicas é fundamental nesse contexto.

O futebol atual é um esporte que requer elevado padrão de força e velocidade; os atletas realizam saltos, acelerações e mudanças de direções. De acordo com a literatura internacional, a intensidade está cada vez mais elevada e, dessa forma, os jogadores realizam elevado número de sprints, em sua maior parte entre 10 e 15 metros (uma distância acima de 30 m requer uma recuperação mais longa durante a partida), atingindo velocidades máximas significativas, ao redor de 32 km/h. Os sprints representam 1 a 11% do total da distância percorrida no jogo, mas constituem momentos cruciais da partida. Jogadores de alto nível realizam entre 150 e 250 ações breves e intensas.

A concentração de lactato sanguíneo, durante uma partida, varia entre 2 e 10 mmol, oscilando em alguns períodos acima desses valores (dependendo do momento da coleta). Já a frequência cardíaca média varia entre 75% e 85% em relação à máxima, havendo picos de 98%.

Além disso, o futebol é um desporto de característica intermitente, com padrão de movimento acíclico, em que os jogadores percorrem entre 8 e 13 km em 90 minutos, ocorrendo depleção do glicogênio muscular. No entanto, o principal fator que difere um jogador de elevado status ao de outro de nível inferior é a distância percorrida em alta intensidade. Evidentemente que tanto o volume (distância percorrida) quanto a intensidade do jogo (sprints e corridas em alta intensidade) estão relacionados à posição que o atleta exerce em campo, sendo que, de maneira geral, meio-campistas se deslocam mais e atacantes realizam mais sprints.

A última Copa do Mundo, realizada no Brasil, demonstrou claramente esse quadro. Tanto visualmente quanto nos dados fornecidos pela FIFA após as partidas, seleções como Alemanha, Holanda, EUA e Chile imprimiram ritmos muito intensos durante os seus jogos, além de um alto volume de jogo, tanto em movimentos de transições ofensivas e defensivas quanto nas pressões ao adversário na retomada da bola.

Assim, no jogo de futebol ocorre sobreposição dos metabolismos aeróbio, anaeróbio lático e alático. Também, diversas capacidades motoras (e as suas diferentes manifestações), como força muscular, velocidade e resistência, possuem importância elevada. A otimização, ou seja, o desenvolvimento harmônico, dessas capacidades é não somente necessária, mas sim fundamental. Para isso, o atleta precisa possuir índices ótimos nas avaliações de salto, aceleração, consumo de oxigênio, limiar anaeróbio, entre outros. A maximização desses elementos não são pertinentes ao futebol. A avaliação e o seguinte desenvolvimento de algumas variáveis gerais, como o equilíbrio muscular e o ajuste dos limiares, são interessantes tanto para a performance quanto para a prevenção de lesões.

Assim, o primeiro passo torna-se o diagnóstico adequado, ou seja, a determinação de um sistema de avaliação fisiológica mais próximo possível dos requerimentos do esporte, com o qual seja possível visualizar todas essas variáveis físicas e, posteriormente, contextualizar em relação ao posicionamento no campo e às funções táticas exercidas no jogo.

A complexidade disso está no fato de o jogo ser o centro desse contexto, pois, ao mesmo tempo que as suas demandas direcionam a bateria de testes físicos, a avaliação do desempenho físico no próprio jogo, realizada de diversas maneiras atualmente (GPS[1], PROZONE[2], AMISCO[2]), e a posterior análise qualitativa e sistêmica nos conduzem a análises tanto da própria bateria quanto dos treinamentos realizados. Dessa forma, esse é um sis-

[1] GPS: Global Position System.
[2] Prozone e Amisco: sistemas computadorizados de análise do desempenho nos jogos.

tema aberto. Na minha visão, a transdisciplinaridade é o rumo a seguir, pois o elevado desempenho, ou mesmo a falta do mesmo, pode ser devido a questões fisiológicas, táticas, nutricionais, médicas, psicológicas e tudo o mais que abrange esse universo.

O objetivo deste capítulo é fornecer um conhecimento geral sobre avaliação fisiológica do jogador de futebol, contextualizando a performance física aos demais elementos inerentes ao jogo. Para isso, selecionei uma série de testes físicos utilizados no futebol de alto rendimento, propondo índices reais para realizar uma análise criteriosa e posterior otimização das capacidades avaliadas. A evolução tecnológica e científica conduz a uma sistemática análise e implementação de novos procedimentos, os quais apresentam uma série de diferenças de acordo com a realidade de cada clube e a linha estabelecida por seus profissionais. A busca é sempre por unir a prática do dia a dia da fisiologia aplicada ao futebol de alto rendimento às principais referências científicas na área.

7.2 Os primeiros passos das avaliações

A escolha das avaliações deve ser extremamente criteriosa, tendo relação com a demanda fisiológica do jogo e com os padrões de movimento do mesmo.

O grupo de jogadores deve conhecer de maneira clara a realização do teste e, além disso, deve ser motivado para atingir o máximo rendimento. Os procedimentos devem ser padronizados (aquecimento, coleta de dados, entre outros) e, principalmente nos testes de campo, os fatores intervenientes (como a condição climática, o local da avaliação, entre outros) devem ser considerados, com intuito de não perder a fidedignidade do teste. A sequência correta na realização das avaliações é fundamental para a obtenção de um dado correto, assim como o fato de o atleta não chegar no dia da prova em estado de fadiga.

7.3 Banco de dados

Após determinar as avaliações físicas que serão realizadas, é fundamental organizar o sistema de coleta de dados e o banco de dados propriamente dito. O auxílio de um setor de estatística é interessante para a organização desses números. Nesse contexto, o PROESP – BR (Projeto Esporte Brasil) e o GEFEX (Grupo de Estudos em Fisiologia do Exercício), grupos de pesquisa situados no LAPEX, laboratório de pesquisa do exercício, da Universidade Federal do Rio Grande do Sul (UFRGS), foram muito importantes. A divisão do banco em escalas percentílicas ajuda bastante na classificação da performance de cada capacidade avaliada. Importante ressaltar que a análise qualitativa de todos esses números é primordial para as conclusões e futuras tomadas de decisões.

Também, existe muita diferença entre a constituição de atletas de diferentes divisões, países e, principalmente, continentes. Dessa forma, com a criação do banco a análise torna-se real e específica para o futebol. Para abordar esse tema, irei expor índices não publicados de avaliações descritas no banco de atletas (da primeira e segunda divisões do futebol brasileiro) construído a partir das práticas que frequentemente utilizo.

7.4 Avaliação dos componentes aeróbios

A potência aeróbia máxima é avaliada através da determinação do consumo máximo de oxigênio (VO_2 Máximo). No entanto, o limiar anaeróbio, o ponto de transição dos metabolismos, é mais sensível às trocas ocorridas em função do treinamento durante a temporada do que o VO_2 Máximo, além de ser um dado importante na prescrição da intensidade dos treinamentos de corrida (intervalados, recuperativos, entre outros). Quanto mais elevado for o limiar, maior será o aproveitamento do VO_2 Máximo. Além disso, existe consenso que, quanto maior for o limiar anaeróbio do atleta, mais rápida será sua recuperação, possibilitando que o mesmo jogue em uma intensidade mais alta e realize maior número de sprints. Dessa forma, a determinação dos limiares é importante para a avaliação da capacidade aeróbia.

O método frequentemente utilizado para avaliar essas variáveis é o direto, geralmente realizado em laboratório através da análise ventilatória. No futebol, o melhor ergômetro a ser utilizado é a esteira.

A ergoespirometria em circuito aberto é usada para a mensuração da troca gasosa pulmonar (O_2 e CO_2). Normalmente, o protocolo utilizado é em rampa, com aumento gradativo da velocidade da esteira até a exaustão do atleta (ou o plateau do consumo em relação à elevação da carga).

Através da curva ventilatória (e dados como quociente respiratório, entre outros) é possível determinar os limiares ventilatórios 1 e 2 (o segundo limiar ventilatório é o ponto que buscamos, o limiar anaeróbio). Assim, usamos para a prescrição do treinamento e diagnóstico de rendimento: a velocidade, a frequência cardíaca e o consumo de limiar (expresso em ml.kg.min ou em % do VO_2 Máximo).

Outra forma de avaliar o limiar anaeróbio é através da determinação dos limiares de lactato (também conhecidos respectivamente como OPLA – onset of plasma lactate accumulation e OBLA – onset of blood lactate accumulation). A curva de lactato é muito similar à ventilatória, coincidindo as quebras dos limiares 1 e 2 (o primeiro limiar ventilatório ocorre, aproximadamente, com 2 mmol de lactato, e o segundo, com 4 mmol). Isso ocorre porque com o aumento da pressão de CO_2 e incremento das concentrações de lactato e íons H^+ ocorre estímulo ainda maior da ventilação (através de quimioceptores centrais) e, consequentemente, a hiperventilação para tentar manter o equilíbrio acidobásico. Esse ponto, onde o aumento da produção do lactato é inexorável e ocorre a consequente hiperventilação, é o limiar anaeróbio.

Essa avaliação pode ser realizada no laboratório (esteira) ou no campo (fazendo uma pista de 200 m). Nesse protocolo, a velocidade inicial utilizada para atletas de futebol é de 10 km/h, aumentando 1 km/h (ou, no máximo, 2 km/h) a cada 1.000 m, se for no campo. Caso seja na esteira, esse incremento ocorre a cada 4 minutos. A coleta do lactato é realizada ao final de cada estágio (assim como a verificação da frequência cardíaca). Importante salientar que, no campo, o padrão de corrida é mais perto da realidade do treinamento, o que é uma grande vantagem. No entanto, deve-se cuidar a temperatura do dia, pois o calor em excesso restringe a precisão da avaliação. A elevação da temperatura corporal e a exposição ao calor dos materiais de dosagem (lactímetro, fitas etc.) altera o resultado da coleta (a concentração de lactato torna-se superior), perdendo a exatidão do teste.

Após a coleta dos dados, estes são inseridos no gráfico para visualizar os limiares. A partir desse momento ocorre severa discussão sobre a análise dessa avaliação. Diversos estudos foram realizados com o propósito de identificar a intensidade do exercício que corresponde à máxima steady state do lactato, ou seja, a partir dessa velocidade o lactato eleva inexoravelmente até que ocorra a fadiga.

Os alemães, representados por Mader, consideram que o limiar anaeróbio ocorre na concentração fixa de 4 mmol e propõem um modelo matemático para a determinação dessa variável. Atualmente, na Bundesliga, muitos clubes realizam dessa maneira essa prova. No entanto, prefiro analisar essa avaliação através da identificação dos pontos onde a produção do lactato é superior à metabolização (visualizando as quebras no gráfico), considerando que o incremento das concentrações de lactato ocorre de forma individual, pois são dependentes da idade da pessoa, tipo de fibra e disponibilidade de substrato.

Analisando novamente em relação ao banco de dados, a velocidade do segundo limiar de lactato deve-se situar igual ou superior a 14 km/h.

A atuação da fisiologia do exercício dentro do campo tem aumentado bastante nos últimos anos. Os testes de campo, mesmo sendo indiretos para a predição do consumo máximo de oxigênio, vêm ganhando bastante força no dia a dia dos clubes de futebol, sendo muito valorizados. A maior especificidade da prova em relação às de laboratório aliada ao menor custo são pontos fundamentais nesse contexto.

Entre esses testes, os YoYos, propostos por Jens Bangsbo, são os que mais se difundiram no futebol. Existem 6 variações: YoYo Endurance Test, níveis 1 e 2, o YoYo Intermittent Endurance Test, níveis 1 e 2, e o YoYo Intermittent Recovery Test níveis 1 e 2. A diferença entre os níveis é de acordo com a etapa em que a prova começa. As duas provas intermitentes de recuperação são as mais específicas para o futebol, pois, além do cálculo para a determinação do VO_2 Máximo, há momentos muito intensos, os quais reproduzem as ações de alta intensidade do futebol, além de possuírem pausas entre os estágios (reproduzindo o jogo de maneira mais efetiva). O intermitente Recovery 2 possui maior ativação do metabolismo anaeróbio em relação ao Intermitente Recovery 1, sendo possível verificar de maneira precisa as mudanças de performance durante a temporada e diferenciar o status dos atletas avaliados.

No decorrer dos treinamentos, ao longo dos anos realizei o YoYo Endurance Test 1 controlando a frequência cardíaca, através da telemetria, durante e após o teste, e controlando o lactato sanguíneo após a prova, e depois de 3 e 8 minutos de recuperação passiva.

Dessa maneira, foi possível verificar que a fase final da avaliação é bastante intensa, estimula o metabolismo anaeróbio e reproduz valores fisiológicos de jogo. As médias de frequência cardíaca dos grupos, ao final da prova, variam entre 195 e 198 bpm. Em relação ao lactato sanguíneo, as médias variam entre 10 e 12 mmol.

Em relação ao banco de dados, um estágio adequado para o atleta de futebol é a partir do 13,4 ou 55,5 ml.kg.min, considerando o consumo máximo de oxigênio.

7.5 Avaliação do componente anaeróbio

As avaliações do componente anaeróbio são as que mais reproduzem os padrões de movimento do futebol, sendo mais específicas. Assim sendo, é importante o investimento em tecnologia.

Os testes de sprints e acelerações máximas, nas distâncias de 5, 10, 15 e 30 metros, utilizando as fotocélulas, são importantes para determinar as características dos atletas e verificar se há déficit em algum componente relacionado a essas provas de caráter explosivo. Muitas vezes a deficiência está na capacidade de força máxima, uma vez que a correlação entre esta e os sprints e saltos é elevada.

Analisando através do banco de dados, o atleta de futebol deve realizar os 10 m abaixo de 1,70 segundos e os 30 metros abaixo de 4 segundos.

O futebol possui muitas trocas de direções e dessa forma é importante avaliar também a agilidade dos atletas. Para tal diagnóstico, utilizo o teste de 22 metros (vai 11 metros em sinuosa e volta os mesmos 11 metros) com controle por fotocélulas. Em relação aos dados, os atletas devem realizar essa prova abaixo dos 6 segundos.

A avaliação do salto vertical é importante tanto para verificar a força explosiva do atleta quanto para analisar a recuperação neuromuscular do mesmo. Os principais testes utilizados nos clubes de futebol são: o Contramovimento (CMJ), o qual é caracterizado por possuir um ciclo alongamento-encurtamento (CAE) de longa duração. Esse salto é realizado por uma flexão-extensão rápida de pernas com a mínima parada entre as fases (a flexão deve chegar ao máximo de 90 graus), o Squat Jump (SJ), o qual possui como referência a ação concêntrica, pois consiste em um salto saindo de uma flexão de joelhos de 90 graus sem contramovimento prévio, e, finalmente, o Drop Jump, que possui um CAE de curta duração e consiste em cair sobre uma plataforma de contato de certa altura e reagir no menor tempo possível (atingindo a maior altura possível também).

Para a realização dessas avaliações, utiliza-se a plataforma de força ou tapete de impulsão. Os aparelhos mensuram o tempo do voo e calculam a altura do salto (que pode ser expresso em cm ou em Watts). Atualmente, existem sistemas portáteis e modulares, muito precisos, com medição ótica (por infravermelho), que possibilitam, entre outras coisas, realizar os saltos de maneira mais específica, avaliando no campo e utilizando chuteira. A familiarização com o salto é fundamental para a qualidade do dado.

Em relação ao banco de dados, os atletas devem atingir, no CMJ, o valor igual ou superior a 46 cm. Já no SJ, igual ou superior a 43 cm.

O Rast Test (Running Anaerobic Sprint Test) avalia as potências máxima, média e mínima e o índice de fadiga. Essa prova consiste em 6 acelerações máximas de 35 metros, com 10 segundos de recuperação entre cada repetição. A utilização das fotocélulas é fundamental para a precisão dos dados.

A potência anaeróbia alática é calculada pelo pico de potência (watts) relativo ao peso corporal (watts/kg), atingido durante a avaliação. A potência média representa a potência anaeróbia lática, e o índice de fadiga, a eficiência do sistema (manutenção dos índices de potência). Em relação à potência máxima relativa, em minha análise os atletas devem atingir valores iguais ou superiores a 13 watts/kg. Quanto ao índice de fadiga, os valores devem ser iguais ou inferiores a 30%.

7.6 Avaliação da força e desequilíbrio muscular

Os departamentos de fisiologia e fisioterapia trabalham em conjunto nas avaliações da força geral e dos desequilíbrios musculares.

O dinamômetro isocinético é usado para avaliar a força em muitos esportes, com o objetivo de testar a performance e promover programa de prevenção de lesões a partir dos dados coletados.

Essa avaliação permite testar a função muscular em diferentes velocidades angulares constantes e ângulos articulares. Também, parâmetros importantes são detectados, como a força de torque muscular, a potência e a endurance de um segmento. Dessa forma, relevantes informações são fornecidas a respeito do desequilíbrio entre extensores e flexores do joelho, e entre as pernas direita e esquerda. Esses números são indicativos importantes para o trabalho de prevenção de lesões musculares e articulares. As principais críticas a essa avaliação são o padrão de movimento inespecífico e o fato de o músculo ser testado de maneira isolada. No entanto, é considerada a prova padrão ouro.

Outra forma de avaliar as força concêntrica, excêntrica e isométrica e os desequilíbrios musculares é através do Ergotest. Nessa prova se acopla um encoder ao computador. Dessa forma é calculada a máquina e é possível calcular a potência nas máquinas da sala de musculação. Nesse teste o encoder fica conectado ao computador e ao aparelho de musculação para calcular a potência dos indicadores de força. A avaliação dos extensores e flexores do joelho possibilitam determinar os desequilíbrios (anteroposterior e entre as pernas). Esse aparelho é utilizado para calcular precisamente a carga que será utilizada durante o treinamento (no agachamento, leg press e demais aparelhos usados).

A determinação da força máxima, para avaliar a performance, prescrever o treino e analisar os desequilíbrios musculares, através dos testes de 1 RM ou por repetição, é muito utilizada em clubes no Brasil. Porém, principalmente para determinar os desequilíbrios musculares, essa avaliação é pouco precisa.

7.7 Avaliação da flexibilidade e dos movimentos funcionais

O diagnóstico da flexibilidade é importante para orientar os programas de prevenção de lesões. Entre os principais testes usados estão o de fleximetria e o de sentar e alcançar.

No entanto, atualmente, a utilização do FMS (Functional Movement Screen), para avaliar a amplitude muscular, os controles motores estático e dinâmico e a força funcional, aumentou muito nos clubes de futebol. Através dessa avaliação é possível medir as disfunções nos movimentos apresentadas pelo atleta, a partir da prova para direcionar o nível do treinamento funcional, naturalmente, nela inserido. Nesses casos o fisiologista trabalha em conjunto com o fisioterapeuta e os preparadores físicos.

7.8 Composição corporal

No futebol, atletas de diferentes características antropométricas possuem êxito. No entanto, almeja-se um atleta com boa estatura (principalmente goleiros e zagueiros), baixo percentual de gordura e bom componente muscular (é importante possuir essa proporcionalidade entre essas variáveis). O excesso de gordura influi negativamente no desempenho dos movimentos explosivos, como saltos, por ser um peso morto a ser levantado em relação à gravidade. Além disso, também é prejudicial em esportes, em que a massa corporal é transportada por um longo período de tempo (conforme mencionado anteriormente: de elevado volume no mundo do futebol).

A avaliação da composição corporal através do DEXA (Dual Energy X-ray Absorptiometry) é considerada a mais precisa. No entanto, em função do elevado custo, somente poucas equipes no Brasil possuem acesso. Outras alternativas com valor um pouco mais acessível são: a plestimografia e a bioimpedância (a dificuldade desse método é o protocolo, que muitas vezes não é respeitado pelos atletas).

Por conta disso, a realização do perfil antropométrico individual (peso, percentual de gordura, peso muscular etc.), através da avaliação das dobras cutâneas, circunferências musculares, diâmetros ósseos, peso, estatura, entre outros, é uma ótima alternativa. A determinação do somatotipo também se torna relevante nesse caso. Além disso, a padronização da avaliação em questão pelo ISAK (International Standards for Anthopometric Assessment) é aconselhável.

Entre as técnicas para calcular o percentual de gordura, a mais utilizada no futebol brasileiro é a de Faulkner. Apesar de não ser desenvolvida especificamente para futebolistas, a técnica foi altamente difundida no futebol brasileiro. Ela requer a medida de quatro pontos (tríceps, subescapular, suprailíaca e abdominal). Em relação ao componente muscular, as equações de Lee et al. e Martin et al. têm sido bastante utilizadas atualmente.

Utilizo o somatório de seis dobras cutâneas (tríceps, subescapular, supraIlíaca, abdominal, coxa e panturrilha) para complementar a minha análise. Os objetivos almejados no percentual gordura são individuais, pois se leva em consideração a idade, o somatotipo etc. Em relação ao banco de dados, numa análise geral, o atleta deve possuir o somatório igual ou inferior a 50 mm.

O departamento de fisiologia trabalha, nesse caso, em conjunto com o departamento de nutrição, o qual irá realizar as estratégias nutricionais adequadas para cada caso.

7.9 Diagnóstico do jogo

No início do capítulo foi utilizada a literatura internacional para descrever as demandas fisiológicas do futebol. No entanto, é fundamental que cada clube tenha a avaliação e o controle de cada jogo da sua equipe para poder verificar como está a equipe individual e coletivamente. Esses dados serão importantes até mesmo para relacionar com as avaliações físicas e verificar se o sistema de testes está sendo válido.

No Brasil, grande parte dos clubes utiliza o GPS Qstarz acoplado ao calção do atleta. Alguns clubes com maior poder aquisitivo utilizam o GPS Sports ou o Catapult. Na Inglaterra e na China, por exemplo, os clubes terceirizam essas análises realizadas por um sistema computadorizado de desempenho (câmeras são colocadas em todos os estádios e as imagens são analisadas pelos softwares). Os dados fornecidos são de caráter técnico, tático e físico. A Inglaterra utiliza o sistema Prozone. Na China, a federação disponibiliza para os clubes, por um custo baixo, o Amisco (Figuras 1 e 2). Esses sistemas fornecem dados que facilitam a contextualização da análise em relação ao rendimento desportivo.

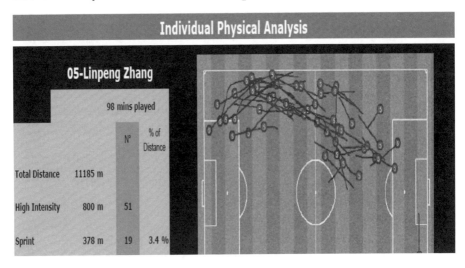

Figura 1: Análise das ações individuais

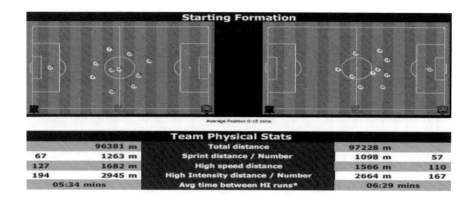

Figura 2: Formação tática e estatística do time

O desempenho físico, individual e coletivo, deve ser analisado de maneira sistêmica, ou seja, relacionado com os componentes técnico, tático e psicológico. Sendo assim, após a coleta dos dados da partida é fundamental a análise qualitativa, a qual vai direcionar as tomadas de decisões. Nesse caso, particularmente, é importante que os fisiologistas do clube analisem os números em conjunto com o departamento de análise de desempenho, relacionando os dados físicos com os componentes técnico-táticos do jogo, formatando o conceito de performance de cada partida.

7.10 Os controles nos ciclos de longa e média duração

Nos ciclos de longa e média duração, os controles e as avaliações físicas não terão somente o objetivo de quantificar o desempenho, mas auxiliarão também no processo de seleção do atleta. O futebol atual busca cada vez mais atletas rápidos e com elevado nível de força e, assim, os testes podem auxiliar na detecção do talento desportivo, do qual o índice físico também serve de indicativo. Nesse sentido, alguns dos principais clubes do mundo já estão realizando avaliações genéticas para determinar quais os atletas com predisposição para potência muscular. Evidentemente que a qualidade técnica é o norte da busca do talento.

Para os atletas dos últimos anos de formação e biologicamente maduros, recomenda-se que a bateria de testes e que os controles sejam semelhantes ao da categoria profissional. Assim, os jovens jogadores se familiarizarão com as avaliações e, além disso, terão um histórico no clube (podendo já nas formativas elevar as capacidades nas quais possuem déficits).

No entanto, para os atletas mais jovens, o primeiro passo a ser realizado é o da avaliação da maturação biológica, pois a idade cronológica difere da idade biológica. É fundamental conhecer em qual etapa de crescimento e desenvolvimento os jogadores se encontram, o que torna possível direcionar os treinamentos e avaliações. Os três indicadores mais utilizados do desenvolvimento biológico são: maturação esquelética, maturação somática e maturação sexual.

A maturação esquelética consiste na realização e análise da radiografia da mão e punho esquerdos. Um método é considerado padrão ouro, porém o custo é elevado. A maturação somática consiste nos cálculos dos picos de velocidade de crescimento. Já a maturação sexual consiste na análise das características sexuais secundárias. O teste de Tanner divide a classificação do atleta em 5 estágios: o estágio 1 corresponde à pré-puberdade. Os estágios 2, 3 e 4 correspondem à puberdade. Já o 5, à pós-puberdade. Esse é o método mais utilizado no futebol brasileiro.

Dito isso, para os atletas pré-púberes, e em início da puberdade, deve-se evitar treinamentos e avaliações de cunho anaeróbio lático extensivo. O ideal é realizar treinamentos e testes que ativem, predominantemente, os metabolismos aeróbio e anaeróbio alático.

7.11 Considerações finais

O sistema de avaliação física deve ser determinado de acordo com as demandas fisiológicas e os padrões de movimento do jogo. A contextualização da análise do desempenho físico em relação às variáveis técnicas, táticas e cognitivas é imprescindível. Portanto, após a coleta dos dados é fundamental realizar a análise qualitativa, pois o olhar sistêmico será o divisor de águas nas tomadas de decisões.

As avaliações físicas são indicativos da performance dos atletas. No entanto, não são conclusivas, uma vez que o jogo de futebol possui característica multifatorial.

O investimento em tecnologia é fundamental para a obtenção de um sistema válido e fidedigno de avaliação física.

Após realização dos testes físicos e a determinação do perfil fisiológico, a equipe de preparação física, com o suporte do departamento de fisiologia, deve realizar os complementos de cargas físicas de acordo com os déficits dos atletas, com os controles semanais de treinamento, com o período do ano, entre outros. Importante otimizar as capacidades, buscando um desenvolvimento harmônico de todas as variáveis.

O diagnóstico quantitativo e qualitativo do jogo da equipe é de extrema relevância. O sucesso do desempenho desportivo do atleta na partida passa por entender e relacionar os dados do jogo com testes físicos, treinamentos e controles fisiológicos, juntamente com a capacidade deste em realizar determinadas funções em campo: também dependentes de aspectos cognitivos, técnicos etc.

As avaliações nas categorias de base servem para possuir o controle longitudinal dos atletas e auxílio na seleção dos talentos desportivos.

O sucesso no desempenho desportivo está relacionado, além da questão genética do atleta, à atuação realmente transdisciplinar de toda a equipe de profissionais.

Ministrando uma aula no curso para treinadores de futebol, Licença Pró. Organização: CBF. Granja Comary, Teresópolis, Rio de Janeiro.

Dirigentes, professores e alunos do último nível de licenciamento para Treinadores de Futebol, promovido pela CBF

Capítulo 8

TREINAMENTOS NO CICLO DE CURTA DURAÇÃO

8.1 Os impactos das adaptações nos treinos de futebol

Os treinamentos dos times de elite no futebol são estruturados, orientados e conduzidos em ordem hierárquica pelo treinador, assistentes técnicos e preparadores físicos, todos em colaboração com a equipe de saúde.

O treinamento é um processo continuado de ensino-aprendizagem, cuja finalidade é melhorar o rendimento de modo integrado dos componentes técnicos, táticos e físicos, destes em relação com os aspectos cognitivos e psicológicos envolvidos no jogo e, por fim, numa escala maior, com as estruturas sociais e culturais dentro das quais o jogo existe.

Tomemos os seguintes dados: a temporada anual do futebol brasileiro compreende 48 semanas. As quatro primeiras semanas são dedicadas à pré-temporada, e as 44 restantes incluem o período competitivo. Em cada jogo das fases de competições, os jogadores são exigidos para alcançar o desempenho máximo. Ao longo do ano, a média dos jogos dos times de elite é de dois jogos semanais entre 30 e 32 semanas. E, de um jogo semanal entre 12 e 8 semanas, ao final da temporada somam-se aproximadamente 72 jogos.

Para atender o expressivo número de jogos e o reduzido espaço para os treinamentos com dois jogos intersemanal, prevalecem os conteúdos de treinos técnicos, táticos e estratégicos nos treinamentos semanais. A ótima relação da qualidade com a quantidade desses treinos é determinante para elevar o padrão de jogo e os níveis de força, velocidade e resistência específicas às ações do jogo, além da tolerância à fadiga. Afinal, o rendimento físico de um time é apurado em grande parte pelas demandas físicas que são solicitadas nos treinos com dimensões técnicas, táticas e estratégicas que predominam no dia a dia da temporada competitiva do futebol.

A continuidade, a objetividade dos conteúdos e o bom emprego aos normativos de cargas nos treinos técnicos, táticos e estratégicos, somados ao talento dos jogadores e à proposta de jogo, são os responsáveis diretos pelo sucesso competitivo dos times. Os treinamentos técnicos e táticos, quando realizados com elevada intensidade, volume e densidade apropriados, provocam adaptações eficazes dos componentes físicos e motores, que protagonizam as ações de jogo e são determinantes para o desempenho sobressalente de um time. Analisem no treinamento que segue: 8 x 8 + 8 escapes, a somatória dos esforços físicos e os impactos de adaptações provocados individualmente para cada jogador. As informações são referentes à distância percorrida, ao tempo jogado, ao número de acelerações de elevada e média intensidades e à frequência cardíaca.

Posse de bola 8 x 8 com 8 escapes

Confronto de 8 jogadores contra 8 jogadores + 8 jogadores no escape: troca de passes com finalizações. É permitido dar 2 toques na bola. Os escapes são utilizados pela equipe com a posse da bola, para impetrar superioridade numérica. Os objetivos são a posse de bola com intenção, desmarque, superioridade numérica, apoio e finalizações.

Duração: Três blocos de 5 minutos (intervalo entre os blocos: 3 minutos)

| | Análise dos desempenhos individualizados durante um treinamento técnico-tático | | | | | | | | | | | | | | | | | |
| | 8 x 8 + 8 campo reduzido | | | | | | | | | | | | | | | | | |
Nº	Frequência cardíaca máxima (Bpm)	TEMPO JOGADO (Min)	Distância Percorrida (Metros)	metros / min	MÉDIA (Bpm)	MÁXIMA (Bpm)	% FC Máx / média (%)	% FC Máx / Máx (%)	MÉDIA DE VELOCIDADE (km/h)	PICO DE VELOCIDADE (km/h)	13 a 16 km/h (metros)	16 a 20 km/h (metros)	20 km/h + (metros)	SOMA 3 VELOCIDADES acima de 13km/h (metros)	% Distância Total Percorrida acima 13km/h (%)	Aceleração MÁXIMA Atingida (m/s²)	Aceleração > 2,5 m/s² (Nº)	Acel. / Min (Nº)
1	195	11	754	69	134	166	68,7	85,1	4,1	21,3	70	37	7	114	15%	3,30	7	0,64
2	209	11	683	62	142	184	67,9	88,0	3,7	20,3	66	47	2	115	17%	3,30	7	0,64
3	182	11	786	71	141	171	77,5	94,0	4,3	22,1	113	34	7	154	20%	3,30	6	0,55
4	206	11	846	77	168	196	81,6	95,1	4,6	21,7	71	28	12	111	13%	3,40	10	0,91
5	190	11	630	57	147	174	77,4	91,6	3,4	20,5	63	26	4	93	15%	3,60	11	1,00
6	200	11	979	89	166	190	83,0	95,0	5,3	23,9	40	58	22	120	12%	4,50	14	1,27
7	198	11	638	58	151	182	76,3	91,9	3,5	20,2	36	24	1	61	10%	3,20	7	0,64
8	191	11	757	69	154	188	80,6	98,4	4,1	18,0	54	24	0	78	10%	3,60	7	0,64
9	186	11	605	55	154	176	82,8	94,6	3,3	22,0	35	27	8	70	12%	3,90	6	0,55
10	203	11	776	71	154	184	75,9	90,6	4,2	24,0	69	50	38	157	20%	4,50	9	0,82
11	210	11	794	72	158	190	75,2	90,5	4,3	26,0	40	58	13	111	14%	3,20	10	0,91
12	195	11	754	69	154	183	79,0	93,8	4,1	20,3	54	37	3	94	12%	3,70	6	0,55
13	200	11	769	70	156	181	78,0	90,5	4,2	21,2	69	48	6	123	16%	3,50	10	0,91
14	206	11	629	57	159	190	77,2	92,2	3,4	22,0	38	25	18	81	13%	3,40	4	0,36
15	186	11	687	62	142	171	76,3	91,9	3,8	15,9	51	0	0	51	7%	2,70	6	0,55
16	191	11	762	69	136	166	71,2	86,9	4,2	20,9	75	41	10	126	17%	3,80	7	0,64
17	201	11	786	71	154	181	76,6	90,0	4,3	23,4	57	67	34	158	20%	3,00	7	0,64
18	204	11	686	62	126	189	61,8	92,6	3,7	19,6	47	45	0	92	13%	2,80	7	0,64
20	200	11	1097	100	155	195	77,5	97,5	6,0	23,4	118	91	37	246	22%	4,30	14	1,27
MÉDIA	198	11	759	69	150	182	76,0	92,1	4,1	21,4	61,4	40,4	11,7	113	15%	3,53	8	0,74

Obs. 4 GPS apresentaram problemas na leitura dos dados.
Departamento de Fisiologia SC Internacional
Fisiologista Felipe Irala

Os preparadores físicos controlam e orientam, a partir dessas exigências, a carga total de treinamento, a relação entre o volume e a intensidade dos esforços, assim como as pausas de recuperação. Além disso, utilizam a parte final do aquecimento para os treinamentos de coordenação neuromuscular (ciclo muscular alongamento/encurtamento nos saltos; salto com acelerações; salto com acelerações e mudanças de direção), agilidade, velocidade e acelerações.

Nos desportos individuais, a maximização do desenvolvimento dos componentes físicos estruturais, conjugados com a técnica, provoca um grande impacto no nível de desempenho. Em compensação, no futebol, os componentes físicos estruturais servem de sustentação e transferência para o progresso dos componentes físicos específicos, que são resultado dos impactos de adaptações provocados pela qualidade e quantidade dos treinamentos técnicos, táticos e estratégicos de jogo que representam a máxima expressão do rendimento.

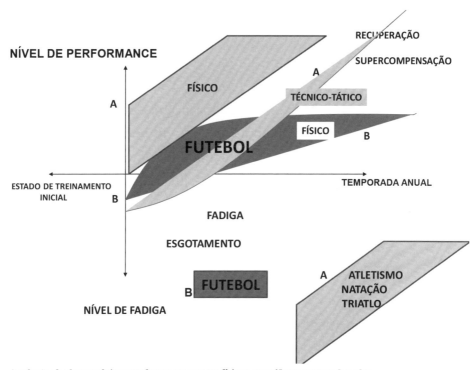

A relação do desenvolvimento dos componentes físicos específicos provocado pelos treinamentos técnicos e táticos no futebol com a maximização dos componentes físicos nos desportos individuais (desportos individuais versus futebol)

Ao analisar o quadro do gráfico que simula o nível de desempenho no futebol, a curva de cor escura expressa o impacto de adaptação dos componentes físicos estruturais, enquanto a curva de cor clara expressa o impacto de adaptação dos componentes físicos específicos provocado pelos treinamentos técnico-táticos e jogos.

O aumento inicial da curva de cor escura representa o avanço das adaptações físico-estruturais induzidas pelos treinamentos na pré-temporada. Enquanto, no período competitivo, a curva de cor clara é ascendente, devido aos impactos de adaptações provocados pela progressão dos treinamentos técnico-táticos e jogos, que induzem demandas dos componentes físicos específicos. A estabilização no nível de crescimento da curva de cor escura demonstra a manutenção dos componentes físicos estruturais.

Consideremos que a progressão do rendimento de um time de futebol, no período competitivo, depende, sobretudo, da eficácia metodológica dos treinamentos técnicos e táticos. Esse efeito é determinado pelo grau de exigência dos normativos de carga, a distribuição equilibrada e objetiva dos conteúdos de treinamentos e o balanço da relação do volume com a intensidade dos esforços.

A preparação física, assim, deve optar pelo condicionamento individualizado dos jogadores: em horários especiais, no mínimo uma vez por semana, de modo a compensar os déficits motores, a estabilidade e mobilidade articulares, e a coordenação específica. E, também, para desenvolver a força máxima e aumentar a força explosiva.

Aos jogadores punidos com suspensões disciplinares, que os impedem de participar de um ou mais jogos, as sessões de treinamentos individualizadas induzem essas adaptações em um estágio mais avançado: a ideia é permitir, a esses jogadores, a reestruturação e o aperfeiçoamento de seu estado de treino, para que consigam suportar as atividades estressantes (jogos, treinamentos e viagens) ao longo da temporada.

8.2 O significado das adaptações dos componentes físico-motores

As valências físicas de força, resistência, velocidade e flexibilidade interagem como um todo: são indissociáveis nos movimentos do jogo de futebol. Para fins didáticos e metodológicos, dividimos essas valências em unidades físico-motoras. A progressão das adaptações físicas para jogar futebol é gerada através da sequência dos treinamentos que demandam as situações de jogo. A melhoria do desempenho não ocorre através da simples repetição das ações motoras do jogo. Quando as ações motoras de jogo estiverem adaptadas e mecanizadas, a intensidade em que são praticadas se torna pouco relevante ao desenvolvimento das valências físicas. Para tanto, é essencial selecionar alternativas metodológicas de treinamentos de acordo com os objetivos escolhidos e com as necessidades individuais do futebolista.

8.2.1 Resistência

Durante os jogos é realizado um número expressivo de ações técnicas e táticas aperfeiçoadas com a percepção e a tomada de decisão. Para jogar futebol em alto nível competitivo e manter o equilíbrio das ações técnicas e táticas durante 90 minutos, com velocidade média de 7 km/h (considerando o tempo de bola parada), distância percorrida de 10 km e distância em sprint de 1.000 metros, é imperativo que o aparelho cardiorrespiratório seja capaz de transportar aos músculos a maior quantidade possível de oxigênio, possibilitando a manutenção desses esforços com elevada intensidade e extrema perceptibilidade cognitiva. Portanto, os treinamentos básicos, durante a pré-temporada, deverão provocar avanços na capacidade de resistência e nos processos de recuperação.

A combinação de três fatores do metabolismo energético – o consumo máximo de oxigênio, o limiar anaeróbico e a eficiência energética – é essencial para dar sustentação ao jogador de futebol para que possa realizar esforços intermitentes de grande intensidade, participar em média de 72 jogos durante o ano e recuperar com qualidade a fadiga após partidas e treinamentos.

O consumo máximo de oxigênio representa a potência aeróbia. É a maior quantidade de oxigênio que o jogador de futebol consegue captar do ar alveolar, transportar aos tecidos pelo sistema cardiovascular e utilizar a nível celular, numa determinada unidade de tempo. Indivíduos não treinados encontram dificuldade para sustentar essa potência por mais de 6 minutos. Mas jogadores de futebol, quando chegam ao elevado rendimento, podem duplicar ou até triplicar o tempo de sustentação. Nesse estágio de desenvolvimento, VO^2 Máx é pouco treinável, enquanto o limiar anaeróbico é altamente treinável.

Embora existam controvérsias entre os fisiologistas esportivos sobre o limiar anaeróbico, podemos considerar que ele é o ponto a partir do qual ocorre o desequilíbrio entre a produção e a eliminação do ácido láctico. No limiar, as concentrações de lactato sanguíneo começam a se elevar mais rapidamente devido à intensidade e à duração da atividade. A concentração de aproximadamente 4 mmol/litro representa o início da acumulação de lactato no sangue.

O limiar anaeróbico interage com o aproveitamento do VO^2 Máx e com a eficiência energética. Ou seja, jogadores de futebol que têm o limiar elevado alcançam melhor desempenho e, consequentemente, obtêm um aproveitamento mais significativo do VO^2 Máx. Outro efeito da elevação do limiar é evitar a entrada precoce em acidose metabólica, permitindo a execução de movimentos com maior intensidade por períodos mais prolongados. O jogador de futebol com eficiência energética utiliza melhor a potência aeróbia desenvolvida através dos treinamentos intermitentes. Logo, quando duas equipes com qualidades técnicas, táticas e organizacionais semelhantes se enfrentam, a que apresentar potência aeróbica e eficiência energética superiores terá a conveniência de jogar a partida em um ritmo mais elevado.

Durante a pré-temporada são dirigidos treinamentos estruturais de mobilização energética que enfatizam a resistência de base. Neles, podem ser utilizados os métodos contínuo variado, contínuo uniforme extensivo, intervalado com pausa completa e jogos em campos reduzidos – para melhorar a resistência cardiorrespiratória e manter um constante suprimento de energia.

Os treinamentos intermitentes de resistência no modo estrutural estimulam o sistema cardiorrespiratório, o transporte de oxigênio e a frequência cardíaca em níveis perto do máximo. Melhoram a atividade enzimática da glicólise e incrementam as reservas de glicogênio. O aumento do limiar anaeróbio e da potência aeróbia, resultado dos treinamentos intermitentes estruturais, eleva o aproveitamento do VO^2 Máx, melhora a eficiência energética e as reservas de treinamento. Nesses casos, preponderam os métodos intervalados com pausas completas e incompletas. A intenção é desenvolver a potência aeróbia e a capacidade anaeróbia, respectivamente. Nos períodos competitivos, as adaptações para a resistência são provocadas por esforços intermitentes em situações específicas de jogo.

8.2.2 Força

A força é um componente essencial para o desempenho técnico-tático de uma equipe de futebol. A eficácia da força nas ações dos jogadores de futebol depende da velocidade resultante do recrutamento muscular explosivo (relação força-coordenação-velocidade) e de um elevado controle cinemático-técnico. As manifestações de força influenciam acelerações, mudanças de direção, chutes, cabeceios, lançamentos, travagens, contatos, saltos e desacelerações.

Em repetidas circunstâncias, um erro técnico-tático é consequência não da falta de coordenação, percepção ou habilidade do futebolista, mas da ausência de força dos grupos musculares que intervêm num esforço específico do futebol. Os métodos do treinamento de força para elevado rendimento durante a temporada anual podem ser divididos, para fins didáticos, em: força de resistência, força funcional, força de contato, força máxima, força rápida e força rápida em regime de saltos.

O aumento sucessivo das cargas é definido através das variáveis: frequência, volume e intensidade. Uma vez estabelecidas essas variáveis, podemos selecionar, com relativa precisão, os métodos de treinamento para os diferentes períodos da temporada. Apesar dos métodos serem orientados por objetivos e conteúdos diferentes, não estão dissociados uns dos outros.

Na pré-temporada, os métodos selecionados, frequentemente, para o desenvolvimento da força (resistência, funcional e de saltos) são incluídos na categoria de treinamento estrutural e conduzidos nos treinamentos. Nesse período, existe o predomínio (mas não exclusividade) do treinamento da força de resistência, caracterizada por um volume maior e com média intensidade. A finalidade é provocar uma estabilidade mioarticular e adaptar, gradualmente, o organismo à tolerância a cargas com maior intensidade, no decorrer da temporada.

O treinamento da resistência de força está relacionado à capacidade muscular de manter, durante um longo período, índices de força elevados. É um método que faz uso de movimentos lentos, dinâmicos, concêntricos e excêntricos – muito indicado para aumentar a secção transversal do músculo e a resistência muscular. Também contribui para prolongar o rendimento de movimentos rápidos e ações explosivas, além de minimizar as incidências de lesões.

Outro procedimento utilizado no planejamento anual é a força funcional. Nele, são propostos exercícios específicos para fortalecer os grupos musculares que proporcionam estabilidade, equilíbrio e sustentação às ações motoras do jogador de futebol. As vantagens da força funcional são sua versatilidade e seu armazenamento, que podem ser exercitados em múltiplos planos (sagital, frontal e transverso) e em diferentes articulações. Ela também oferece tensão para os movimentos isolados e para os integrados. Através do core, a força funcional robustece, especialmente, o segmento somático central (abdominais, glúteos e lombares), que são a base de todos os movimentos do jogador de futebol. E assegura, sobretudo, a estabilização do tronco nas acelerações, saltos, cabeceios, paradas e lançamentos. A força funcional ainda estabelece as dependências tronco-pélvis e pélvis-extremidades inferiores.

Por último, mencionamos a força de saltos, que permite aprimorar a velocidade, a coordenação e a eficiência mecânica, bem como a capacidade reativa do sistema neuromuscular. É uma forma específica de desenvolver mecanismos que aumentam os impulsos explosivos e as acelerações. É a faculdade que permite ao futebolista vencer as forças exteriores – atritos e resistência do solo –, contrariar momentaneamente a força da gravidade e imprimir aceleração ao seu corpo. Tudo isso com a finalidade de superar o próprio peso e alcançar a maior altura nos cabeceios, ou a maior força de apoio atrás nas arrancadas.

A força rápida em regime de saltos desempenha um papel importante no futebol: contribui para o avanço da velocidade de distintas ações técnicas e para a reativação progressiva do sistema neuromuscular. Apresenta, como propriedade principal, a capacidade de produzir impulso com aplicação máxima de força, num intervalo de tempo muito curto.

A capacidade reativa possibilita ao sistema neuromuscular produzir grandes forças concêntricas em tempo breve, através da rápida passagem do trabalho muscular excêntrico ao concêntrico, com cargas dinâmicas. Tem, por isso, importância no desempenho competitivo do futebolista, e deve ser treinada durante todas as etapas da periodização anual – em combinação com outras habilidades.

Os exercícios pliométricos são um dos principais meios dirigidos ao incremento da força explosiva e da capacidade reativa do sistema neuromuscular. Estão caracterizados pela combinação das contrações excêntrica e concêntrica. Em um primeiro momento, os músculos suportam um rápido alongamento (ação excêntrica), para imediatamente adotar uma ação concêntrica durante o movimento. Completada a ação excêntrica (fase dinâmica negativa), os músculos permanecem por milésimos de segundos em estado de isometria, antes da impulsão (ação concêntrica ou fase dinâmica positiva). Essa ação, excêntrica/concêntrica, fará com que o sistema musculotendinoso armazene energia elástica e, depois, libere-a em forma de energia mecânica.

Os exercícios pliométricos podem ser classificados como: simples e complexos. Simples, quando são realizados no mesmo plano (saltos verticais com e sem obstáculos, e saltos horizontais); complexos, quando realizados de um plano superior para um inferior (excêntrico para o concêntrico).

Durante os saltos, a fase de contato com o solo deverá ser ativa e rápida, e é indicado que se evite a aterrissagem com as pernas estendidas. No momento de contato com o solo, o futebolista deverá ter as pernas em semiflexão (ângulo de flexão dos joelhos entre 90º e 150º). A altura da queda varia, na avaliação de diferentes técnicos esportivos, de 35 a 110 cm, sendo que alguns costumam utilizar a maior altura alcançada através do salto vertical após a queda.

Cabe ressaltar que, quanto maior a altura da queda, mais impactante será o contato com o solo – o que provoca maior contribuição da força máxima em relação à força reativa. A superfície de contato deve ser idêntica à superfície do terreno de jogo. São enganadoras as estratégias que utilizam terrenos amenos com a intenção de amortizar as altas forças de impacto no contato com o solo.

A melhoria da força não ocorre através da simples repetição dos elementos técnicos do futebol. Quando as ações técnicas estiverem adaptadas e mecanizadas, a intensidade em que são praticadas se torna pouco relevante ao desenvolvimento da força. Para tanto, é essencial selecionar métodos de treinamentos de força de acordo com os objetivos propostos e com as necessidades individuais do jogador de futebol.

8.2.2.1 Reforços musculares

Os reforços musculares, geral e específico, são, normalmente, orientados para a pré-temporada e o início de temporada. No reforço muscular geral, trabalham-se todos os grupos de músculos, inclusive alguns que raramente – ou nunca – são solicitados na especificidade do futebol. Enquanto isso, no reforço muscular específico, são executadas ações técnicas com cargas adicionais que correspondem de 3 a 6% do peso corporal – o objetivo, com isso, é manter a mecânica sem comprometer a qualidade do movimento.

No período de competição II, devem ser evitados os treinamentos de reforço muscular específico. É necessário tomar cuidado com a frequência desses treinamentos, uma vez que podem provocar desorganização interna em relação aos aspectos temporais, ao ritmo e à execução dos gestos. Afinal, é o tipo de treinamento que exige a participação daqueles músculos mais solicitados na prática do futebol: especificamente os das extremidades inferiores. Eles são recrutados nos deslocamentos, nas acelerações, nas paradas, nas mudanças de direção, nos chutes e nos saltos.

8.2.3 Velocidade

Os treinamentos técnico-táticos dominantes na temporada anual provocam as adaptações específicas para a otimização da velocidade. Predomina um volume elevado de ações motoras em alta intensidade e curta duração, divididas em séries com pausa completa. Os preparadores físicos acompanhados dos fisiologistas determinam a duração dos esforços para evitar o acúmulo excessivo de lactato no organismo do jogador e o decréscimo da qualidade técnica. Controlam o volume e as pausas de recuperação, as quais são responsáveis pela remoção do lactato. Buscam entre os jogadores um alto nível de coordenação neuromuscular e velocidade durante os esforços, o que se traduz em manutenção da qualidade técnica e no domínio das fibras explosivas.

Nos treinamentos intermitentes dos esforços velozes, destacam-se movimentos unipodais, a força rápida e reativa, acelerações e frenagens, exercícios com elevada complexidade e alternância de movimentos e, por último, os exercícios poliarticulares. Para inserir os treinamentos intermitentes de resistência de velocidade no período competitivo, os preparadores físicos levam em consideração o número de unidades e a intensidade dos treinamentos técnicos e táticos, a densidade dos jogos, o estado de treinamento dos jogadores e as reservas de treinamentos.

8.2.4 Flexibilidade

A flexibilidade é um componente essencial ao progresso do futebolista, pois contribui para o desenvolvimento dos elementos técnicos por meio do aumento da produção de força, potência e velocidade. Os exercícios de flexibilidade desempenham um papel primordial nos procedimentos de prevenção e reabilitação de lesões articulares e musculotendíneas.

No tocante aos processos de regeneração física, os exercícios de flexibilidade são normalmente aplicados na sessão de alongamento na parte final das unidades de treinamentos e jogos. A maneira comumente utilizada é o alongamento ativo, em que o futebolista é responsável pelo alongamento sem qualquer ajuda de força externa. O alongamento é realizado lentamente: cada exercício é repetido em duas ou três séries, praticado durante 30 ou 40 segundos, com duração total entre 10 e 15 minutos.

Tais exercícios contribuem para ampliar o relaxamento físico e mental, facilitar o descanso, acelerar a recuperação, reduzir a tensão muscular, eliminar o ácido lático mais rapidamente, e predispor o atleta para o treinamento seguinte.

Os futebolistas, em geral, não devem praticar os exercícios de flexibilidade em demasia – seja na fase do aquecimento, seja na de recuperação. Devem ter o cuidado de não alongar em excesso seu sistema articular, a fim de evitar a instabilidade e a propensão a lesões.

8.3 Os processos de recuperação pós-treinos e jogos

8.3.1 Treinos regenerativos

As sessões de treinamentos regenerativos pós-jogos têm, em média, duração de 60 minutos. E podem apresentar três fases distintas: aquecimento, fundamentos principais e retorno à calma. Em outras sessões pode ser usada uma única fase, com a finalidade de superar a fadiga gerada. É utilizada a combinação de dois ou três procedimentos: – crioimersão de membros inferiores (banheira fria); imersão por contraste, banheira fria e quente alternado; atividades físicas de baixa intensidade, suplementação nutricional, descanso passivo, utilização de calças de compreensão; hidroterapia; massagem.

Nas sessões com três fases diferentes, após a entrada em calor (aquecimento), é importante propor movimentos diferentes dos empregados no jogo de futebol, como fundamento principal. Os exercícios praticados dizem respeito à resistência, flexibilidade, coordenação e ritmo.

Os de resistência são utilizados para acelerar a regeneração das reservas de glicogênio muscular e hepático. Pode ser empregado, nessa fase, o método contínuo uniforme extensivo com baixa intensidade e duração média de 20 minutos.

Os exercícios de flexibilidade têm a função de diminuir a tensão muscular, facilitar a coordenação intermuscular, promover a descontração e aliviar os casos de dores musculares. O método mais utilizado para essa unidade de treinamento é o estático. Os exercícios de alongamento mais comuns destinam-se a músculos posteriores e anteriores das coxas, adutores, quadril, glúteos e coluna lombar. Cada exercício deve ser aplicado lentamente, com duração entre 40 e 60 segundos, totalizando de 1 a 3 séries.

Os exercícios de coordenação e ritmo são utilizados para ativar a sensibilidade, a criatividade e a expressividade. Podem ser empregados em forma de circuito: nesse caso, o objetivo é vivenciar ações de ritmo e coordenação, e o caráter é lúdico, coletivo e sem impacto.

No retorno à calma, pode ser empreendida técnica de relaxamento mental, aplicação de gelo, banhos de contrastes e massagens.

8.3.2 Recuperação ativa

O descanso ativo permite uma recuperação melhor e mais rápida entre as cargas de trabalho. Nele, são utilizadas atividades de baixa intensidade, que aceleram a circulação sanguínea, produzem um incremento relativo na eliminação do ácido lático e de outras substâncias tóxicas, e também regularizam as funções circulatórias, respiratórias e digestivas.

Logo após os treinos e os jogos, é necessário pôr em movimento atividades de recuperação – com duração de 10 a 20 minutos –, ocupadas em devolver o estado inicial de treinamento. Dentro desse objetivo, são utilizados exercícios de corridas moderadas, alongamentos, atividades de soltura e relaxamento. Nessa unidade de treino posterior aos jogos, o descanso ativo está incluído como conteúdo obrigatório da sessão.

Havendo possibilidade, podem ser incrementados exercícios de recuperação no meio aquoso. As atividades na água, com caráter regenerativo, contribuem para o relaxamento e favorecem o alongamento muscular, além de auxiliar na remoção de catabólitos. Esses exercícios são de tipo aeróbio e localizado, com baixo impacto e reduzido desgaste energético. A temperatura da água deve oscilar entre 29° e 32°. O caráter lúdico, o prazer, a autossuperação e o bem-estar estão presentes nessas unidades de treinamento.

8.3.3 Recuperação passiva

É o estado de descanso absoluto, que se caracteriza pela suspensão de qualquer atividade com acréscimo de suplementação nutricional. Entre as diferentes formas de recuperação passiva, incluem-se: hidromassagem, banho, relaxação, massagem, eletroestimulação, sauna, ducha e sono noturno (a mais importante).

O sono é responsável pelo equilíbrio do organismo e é essencial para a recuperação física, fisiológica e psicológica. Entre outros efeitos, ele propaga, no córtex cerebral, uma inibição protetora que regenera as células nervosas.

Existem duas classes de sono: o lento, também chamado de sono profundo, que regenera as capacidades físicas; e o sono paradóxico, que se distingue por um conjunto de fenômenos de vigília orgânica, a qual permite o reparo das faculdades mentais. A proporção de sono lento por noite é de aproximadamente 80%, enquanto que a de sono paradóxico é de 20%.

Muitos futebolistas tentam recuperar o sono perdido durante a noite através da sesta. Deve-se alertá-los de que a sesta não recompensa a qualidade do sono noturno, nem permite a recuperação do sono perdido. A sesta é saudável, desde que não substitua o sono da noite. Rica em sono paradóxico, ela não deve tomar mais que 20 minutos – e é desaconselhável antes de treinos e jogos, uma vez que pode levar o futebolista a um estado de sonolência, inibidor da capacidade reativa e do estado de prontidão.

Já o sono da noite anterior à véspera do jogo deve ser bem aproveitado. É justamente nesse período que muitos futebolistas apresentam dificuldade de dormir, devido à tensão psicológica causada pelo jogo.

O sono normal é indispensável ao bom funcionamento dos processos de recuperação, qualidade de vida e à manutenção das reservas de treinamento. Provoca no organismo: suspensão da consciência e da vigilância, secreção de hormônios, modificações nas atividades digestivas, relaxamento muscular e alterações na frequência cardíaca e respiratória. Ele compreende normalmente 8 horas, com cinco ciclos, de duração entre 90 e 120 minutos cada.

É frequente encontrarmos futebolistas que, voluntariamente, dormem pouco em algumas noites e, como consequência, apresentam dificuldades de concentração. Neles ocorre o declínio das ações técnico-táticas, diminuição do ritmo e da velocidade, limitação da capacidade de reação, desinteresse, falta de motivação, alterações no comportamento, e sonolência durante o dia. Tornam-se, naturalmente, vulneráveis a lesões.

Nunca é demais ressaltar: dormir é a melhor forma de descanso passivo. O sono regular e seus efeitos são essenciais para a recuperação do organismo e para o desenvolvimento do desempenho técnico.

Aula sobre as concepções metodológicas nos ciclos de treinamentos do futebol brasileiro. Curso para Treinadores – CBF.

Capítulo 9

A FADIGA, AS LESÕES E O RETREINAMENTO

9.1 Os efeitos da fadiga na rotina de jogos e treinamentos

A rotina dos jogadores de futebol é sobrecarregada por elevadas exigências físicas, normativas, emocionais e cognitivas no dia a dia dos treinamentos. As principais causas são os impactos de adaptações provocadas pelas cargas de treinos, o volume e a densidade de jogos, e também as frequentes pressões externas e internas. Independente dos treinamentos e jogos, os futebolistas estão imersos num ambiente constituído por uma diversidade de estressores negativos, que abrangem tanto o esgotamento físico quanto o mental.

Os estressores provocam um desgaste no sistema nervoso central (SNC) e influenciam o conjunto orgânico e fisiológico do jogador de futebol, podendo, em muitos casos, acarretar um acentuado declínio no rendimento. A falta de qualidade nos procedimentos de recuperação, acrescida da redução de tempo, pode levar o jogador a um processo acumulativo de fadiga.

A fadiga é distinguida segundo os tipos de estressores. Sua natureza é complexa, resultado da ação recíproca de fatores hormonais, periféricos e oriundos do sistema nervoso central. Suas sensações são variadas: a fadiga pode ter caráter protetor, transitório e reversível, com origem no hipotálamo e na zona sensitiva do tálamo.

É classificada de duas formas: fadiga central e periférica. A de origem central inclui o esgotamento de substâncias neurotransmissoras (acetilcolina), que participam das respostas motoras. A fadiga periférica está mais relacionada à musculatura esquelética periférica.

Para manter o equilíbrio e evitar o declínio gradual da capacidade do rendimento físico no período competitivo, é necessária a distribuição adequada das cargas de treinamentos associada à utilização de estratégias de descanso para superar a fadiga.

Assim, é vital qualificar os procedimentos de recuperação – eles são tão importantes quanto as cargas de trabalho. A recuperação é um item fundamental nos programas de treinamentos regenerativos; deve fazer parte de todas as unidades e ciclos do planejamento, pois abrange descanso, alimentação e suplementação das necessidades nutricionais, além de procedimentos fisioterápicos (massagens, banhos, duchas, eletroestimulação) e exercícios especiais na fase final das unidades de treinamento.

A recuperação tem como desígnio o restabelecimento do equilíbrio orgânico através de dois processos: aceleração da recuperação e eliminação da fadiga. Ela mobiliza o sistema musculoarticular através das ações dos sistemas circulatório e respiratório.

As comissões técnicas, em conjunto com a área da saúde, devem interagir sistematicamente para manter o nível de rendimento dos jogadores. Para tanto, são necessários a intensificação do metabolismo proteico (sínteses de proteínas estruturais e enzimáticas destruídas durante os treinos), a restauração do equilíbrio hormonal e iônico, assim como o restabelecimento das reservas energéticas.

Para a prevenção eficaz das lesões, devem ser utilizados os conhecimentos da cinesioterapia, terapia manual ou ajustes mecânicos, incluindo as trações articulares e diferentes modalidades de mobilizações.

Assim, podemos evitar a síndrome do supertreinamento, os déficits técnicos e físicos, a lenta recuperação após treinamentos e jogos, enfermidades, desequilíbrios de forças musculares, alterações metabólicas, carências nutricionais, falta de motivação, lesões e outros.

As unidades de treinamentos regenerativos são fundamentais tanto para a progressão como para a manutenção do rendimento competitivo. A organização e a distribuição dos conteúdos estão inseridas numa estrutura monolítica de estímulos específicos, com a finalidade de restabelecer o equilíbrio das funções fisiológicas. Os sistemas metabólicos e funcionais são os que apresentam maior necessidade de suprimento energético após os jogos.

Consideremos que o volume e a repetição sucessiva de esforços de alta intensidade, no decorrer dos jogos, provocam sobrecarga nas articulações e microrrupturas do tecido muscular que originam as dores musculares, desgastes em ossos e cartilagens. Dessa maneira, os exercícios de recuperação previnem a aparição dessas dores, minimizam os desgastes ósseos e cartilaginosos nos treinamentos subsequentes, e aceleram os processos adaptativos para a melhoria da capacidade de desempenho.

9.2 A fadiga prolongada e a redução do rendimento competitivo

O estado de fadiga prolongada que diminui o rendimento competitivo é chamado de supertreinamento. Resulta de um conjunto de fatores – que incluem treinamentos excessivos, sobrecarga física e psicológica continuada etc. – associados à falta de descanso e de recuperação. Os futebolistas em estado de supertreinamento apresentam uma diminuição de rendimento, tornam-se predispostos a enfermidades e a lesões, reduzem a capacidade reativa e perceptiva – em suma, são improdutivos em treinos e jogos.

Quando o futebolista se torna frequentador habitual do setor de saúde do clube, apresentando lesões contínuas, sem reagir ao tratamento indicado, isso pode ser indício de que esteja em estado de supertreinamento.

As respostas psicológicas e fisiológicas de supertreinamento são diversificadas: estão sujeitas ao contexto sociocultural, às características individuais, ao estilo de vida do futebolista e, além disso, aos objetivos fixados, à planificação, à intensidade, à duração e ao tipo de treinamento.

9.2.1 Indicadores de fadiga

Na tabela abaixo, são arrolados alguns indicadores de fadiga. Os casos que apresentam um número expressivo destes sintomas são suspeitos de supertreinamento.

Psicológico	Fisiológico
<ul><li>Irritabilidade</li><li>Depressão</li><li>Baixa motivação</li><li>Perda de autocontrole</li><li>Mudanças do estado de humor</li><li>Desinteresse pelos treinamentos e jogos</li><li>Nível baixo de competitividade</li><li>Baixa capacidade para assimilar novas informações</li><li>Insatisfação</li><li>Pouca iniciativa</li><li>Dificuldade de diálogo com a comissão técnica e direção</li><li>Limitada capacidade de concentração</li><li>Falta de criatividade</li><li>Impaciência</li><li>Aumento da ansiedade</li><li>Insônia</li><li>Medo da competição</li><li>Falta de cooperação</li><li>Dificuldades para integração com o grupo</li><li>Perda de interesse</li><li>Diminuição do rendimento intelectual</li><li>Baixa percepção</li></ul>	<ul><li>Dores musculares e articulares</li><li>Perda de peso e apetite</li><li>Frequência cardíaca de repouso elevada</li><li>Diminuição do rendimento em jogos e treinos</li><li>Aumento da tensão arterial diastólica</li><li>Possibilidade de problemas intestinais e inchação dos gânglios</li><li>Diminuição da taxa de ferritina</li><li>Infecções nas vias respiratórias</li><li>Perturbação no sono</li><li>Frequentes suspiros</li><li>Aumento do risco de lesões</li><li>Diminuição da pressão sanguínea</li><li>Diminuição da taxa de hemoglobina</li><li>Diminuição do número de glóbulos vermelhos</li><li>Sudoração excessiva</li><li>Diminuição da força de impulso</li><li>Alergia</li><li>Diminuição das defesas imunológicas (herpes-infecções de repetição)</li><li>Alterações do eletrocardiograma</li><li>Diminuição da capacidade vital</li></ul>

9.2.2 Indicadores de controle

Indicadores de controle que permitem analisar os estados de fadiga e de regeneração do organismo:

Indicadores fisiológicos	Indicadores biológicos
▶Conduta motora, incidência de erros técnicos, frequência cardíaca em repouso, frequência cardíaca de esforço, consumo de oxigênio, velocidade, estado de ânimo, pressão sanguínea, precisão, índice de manifestação de força, temperatura corporal, eritrócitos-leucócitos, estado de ânimo (POMS), sensação de pernas pesadas, quociente respiratório, hemoglobina.	▶Glicose, glicogênio muscular, Ph, ferro sérico, ferritina, vitaminas, proteínas, creatinafosfoquinase (CPK), hormônios sexuais (testosterona, estrogênio), adrenalina, noradrenalina, cortisol, somatotrofina, tireóideos (TSH,T3,T4), insulina, glucagon, ácido úrico, ácidos aminados.

9.2.3 Medidas para prevenção do supertreinamento

▶ Respeitar e controlar os períodos de recuperação.

▶ Qualificar e quantificar os procedimentos de recuperação.

▶ Respeitar as características individuais dos futebolistas.

▶ Planejar o treinamento focando o aumento gradual do volume e da intensidade.

▶ Diversificar ambientes, procedimentos e métodos nas unidades de treinamento.

- Evitar a monotonia nas unidades de treinamento.
- Estabelecer objetivos ajustados às condições do grupo.
- Observar o princípio básico da adaptação em todas as etapas do treinamento.
- Evitar a rigidez excessiva no comando do treinamento.
- Compreender e nortear as diferentes reações dos futebolistas frente a problemas familiares, financeiros, dificuldades de aprendizagem, relacionamento com o grupo, estresse etc.
- Oferecer boas condições para concentração.
- Fomentar um ambiente saudável dentro do grupo, com respeito, cordialidade, ajuda recíproca e prosperidade.
- Evitar o consumo de bebidas com álcool, fumo e drogas.
- Suprir as necessidades nutritivas.
- Manter o grau de hidratação do futebolista com bebida hipotônica em temperatura ambiente, pouco açúcar e sabor agradável, durante todas as unidades de treinamentos e jogos.
- Evitar a insuficiência de sono.
- Incluir atividades de caráter lúdico em uma etapa da unidade de treinamento, ao mínimo uma vez em cada microciclo.
- Controlar diariamente o estado de saúde dos futebolistas antes dos treinamentos.
- Controlar as situações de ansiedade, e aplicar técnicas de relaxamento e de controle de estresse.

▶ Evitar que o jogador participe de um número excessivo de jogos.

▶ Estimular o futebolista a verbalizar, à comissão técnica, suas angústias, sintomas, sensações e aspirações referentes ao treinamento.

▶ Checar diariamente o peso corporal, antes e após os treinos.

9.3 As causas da elevada prevalência de lesões no futebol

As lesões geram limitação funcional muscular e esquelética. São provocadas por dois tipos de causas: físicas e psicológicas. Entre as físicas, as causas podem ser fadiga muscular, supertreinamento ou baixo nível das adaptações dos componentes coordenativos e condicionais. Entre as psicológicas, temos as características de baixa autoestima, falta de confiança, medo, o estresse e o baixo nível de concentração.

Existem várias investigações e muitas estatísticas que evidenciam a elevada prevalência de lesões no futebol. A prevalência de lesões no futebol profissional foi estimada como 1.000 vezes maior do que nas ocupações industriais classificadas de alto risco.[7]

Os jogadores de futebol acometidos por lesões são afastados dos treinamentos e dos jogos, por causa das variáveis de risco extrínsecas e intrínsecas. As variáveis de risco extrínsecas estão relacionadas à posição que o jogador ocupa no campo de jogo, particularidades do futebol, fatores climáticos, volume e densidade de jogos,

[7] Hawkins, R. D.; Fuller, C. W. A prospective epidemiological study of injuries in four English professional football clubs. *British Journal Sports Med.*, v. 33, n. 3, p. 196-203, 1999.

alteração na mecânica de um movimento explosivo, material esportivo, grau de competitividade, aquecimento muscular inapropriado, excessiva sobrecarga nos treinamentos, tipos de piso, fatores ambientais, estilo de vida e arbitragem. Na Copa do Mundo de 2006, na Alemanha, Jim Dvorak, diretor médico da FIFA, atribuiu que a rigidez da arbitragem, com alto índice de punição de cartões, ajudou a diminuir a quantidade de lesões em campo.

As variáveis de risco intrínsecas estão relacionadas a hereditariedade, idade, histórico de lesões, estado de treinamento, qualidades técnicas, desequilíbrios de força entre os músculos agonistas e antagonistas, deficiências nutricionais, desvios biomecânicos, baixa estabilidade articular e funcional, alterações anatômicas, fatores psicossociais, histórico cirúrgico, distúrbios hormonais, deficiência de flexibilidade específica, e baixa condição dos componentes de força, flexibilidade, coordenação e controle motor.

As lesões podem surgir por dois tipos de mecanismos: microtraumatismo e macrotraumatismo. As lesões musculoesqueléticas originadas pelo declínio da condição física podem ser classificadas como macrotraumáticas. Entre essas lesões, estão as musculares, ligamentares, fraturas e luxações.

Entre as lesões por microtraumas, encontram-se as bursites, fraturas por estresse e tendinoses. São provocadas por esforços continuados e repetitivos de movimentos específicos, executados com uma técnica incorreta ou seguidos de uma recuperação incompleta. A tendinose, também chamada de tendinite crônica, caracteriza-se pela ausência de processo inflamatório e pela presença de áreas degenerativas de colágeno, envolvendo o peritendão.

As lesões mais frequentes no futebol são as lesões por choque, lesões musculares, entorses das articulações e tendinites. De acordo com a gravidade, as lesões podem ser classificadas como: leves, moderadas e rigorosas.

No futebol, as lesões mais frequentes acometem a extremidade inferior. As lesões das extremidades superiores acontecem com maior frequência entre os goleiros. Após a lesão, o tempo de afastamento dos treinamentos e dos jogos depende da gravidade do diagnóstico, das características do jogador e do estado de treinamento antes da lesão.

As lesões musculares leves significam que um pequeno percentual de fibras musculares foi acometido, com pequeno edema e um leve desconforto – não há perda de função. Uma dor leve é localizada em um ponto preciso durante a contração muscular contrarresistência e pode estar ausente em repouso. Normalmente, para dores leves, o tempo de tratamento fisioterápico é baixo. O jogador liberado retorna à equipe principal sem passar pelo processo de retreinamento.

Nas lesões musculares moderadas, até 50% das fibras musculares podem ser acometidas. Esse tipo de lesão gera perda de função e elevado dano muscular. É acompanhada de dor muscular; ocorre a formação de um pequeno hematoma e processo inflamatório local. O tempo médio de tratamento fisioterápico para essa classificação de lesão é de duas a quatro semanas. O jogador liberado pelo setor de saúde é encaminhado para as sessões de retreinamento.

Nas lesões musculares rigorosas, um percentual elevado de fibras musculares é acometido (índice superior a 50%). Esse tipo de lesão provoca perda completa da função muscular, dor intensa e área de depressão (gap) muscular visível. O tempo médio de recuperação é de dois a três meses. O tempo mínimo de retreinamento é de duas semanas.

As lesões no futebol provocam o destreino, ou seja, fazem com que o jogador perca as adaptações adquiridas no transcurso da temporada. A redução acentuada no estado de treinamento dificulta a adaptação para o reinício dos treinamentos com a equipe, e pode comprometer todo o ano competitivo, inclusive a continuidade da carreira do jogador. A instabilidade do estado de treinamento também se reflete na motivação e na autoestima, além de gerar consequências previsíveis: a reincidência de lesões, de modo a tornar o jogador menos seguro e menos integrado com o restante da equipe.

9.4 As dimensões do retreinamento na temporada anual

O impacto global do futebol ampliou o calendário das competições e provocou maior visibilidade dos clubes, da formação dos times, da atuação dos jogadores e das ideias dos treinadores. Pela frequente exposição midiática do futebol, os torcedores passaram a exigir dos clubes times mais competitivos, mais combativos e mais vitoriosos. A densidade dos jogos, os calendários extensos e a elevada competitividade, associados à máxima e continuada exigência física, contribuíram para elevar o índice de lesões no futebol. As lesões são provocadas ora por fatores externos, ora por fatores particulares e biológicos.

Os jogadores de futebol passaram a apresentar, com mais frequência, distúrbios funcionais gerados por traumas, por esforços excessivos ou por alterações na mecânica das ações. Para atender a essas dificuldades, as equipes de saúde dos clubes estabeleceram, como procedimento interdisciplinar inicial, uma análise detalhada da história clínica e esportiva do jogador, complementada com uma exploração funcional.

O diagnóstico do médico, somado ao diagnóstico dos fisioterapeutas, determina os objetivos terapêuticos e o plano de tratamento. Para o tratamento, são utilizados meios químicos, físicos e alternativos, com a finalidade de tratar, reabilitar e habilitar o jogador para a prática do futebol.

No transcorrer do tratamento fisioterápico, ocorre a perda gradativa das adaptações físicas, técnicas, táticas e psicológicas. Essas alterações, adicionadas ao condicionamento físico inicial e ao tempo de inatividade, determinam o estado de destreinamento do jogador.

O destreinamento provoca, em linhas gerais, o aumento no percentual de gordura, diminuição do desempenho energético, atrofia, baixa síntese proteica, perda de força geral, redução significativa da força máxima, perturbação na ressíntese do glicogênio, redução da flexibilidade, baixa resistência específica, declínio técnico, redução do rendimento técnico-tático, insegurança e baixo sentimento de valia.

As principais metas das atividades de retreinamento são realizadas em conjunto com a equipe de saúde, constituída por profissionais com formação acadêmica em medicina, nutrição, fisioterapia, psicologia, assistência social, biomecânica e odontologia e por profissionais com formação técnica em enfermagem e massagem.

As metas são: alcançar o equilíbrio muscular funcional; obter a estabilidade funcional articular; aperfeiçoar o controle neuromuscular reativo; apurar a força reativa; fortalecer a resistência muscular; restabelecer a potência aeróbia e a resistência específica; exercitar a velocidade dos movimentos.

9.4.1 As etapas do retreinamento

A retreinamento no futebol caracteriza-se por cinco etapas:

Primeira etapa – O jogador é encaminhado ao setor médico para o diagnóstico da lesão.

Segunda etapa – O jogador é afastado da rotina dos treinamentos da equipe. São definidos os objetivos terapêuticos e o plano de tratamento abalizado pelo diagnóstico médico somado ao diagnóstico do fisioterapeuta.

Terceira etapa – O jogador inicia o tratamento orientado pelos fisioterapeutas em sintonia com o setor médico. Os objetivos gerais para essa etapa são: aliviar a dor, reduzir o processo inflamatório, retardar a atrofia muscular, readquirir a estabilidade da área lesada, restabelecer a amplitude do movimento, recuperar a força muscular.

Quarta etapa – O jogador é reavaliado pelo setor médico e fisioterápico. Nesta última etapa, do tratamento orientado pelos fisioterapeutas, os objetivos gerais são: avaliar a força através do equipamento isocinético, estimular a força, o equilíbrio muscular funcional, a resistência e a mobilidade, apurar o volume e a complexidade dos exercícios proprioceptivos na regulação e no controle dos movimentos. Nas sessões fisioterápicas que antecedem a passagem do jogador para a etapa seguinte de recuperação funcional, são orientados exercícios, com intensidade de esforços e gestos motores, idênticos aos realizados nos jogos de futebol. Os estímulos das cargas provocam curtas adaptações, que são extremamente reversíveis.

[8] Forteza de la Rosa, A. *Treinamento desportivo*: carga, estrutura e planejamento. São Paulo: Phorte Ed., 2001.

Quinta etapa – O jogador é encaminhado para o setor de preparação física pela equipe de saúde. É o período de transição do tratamento para o retreinamento. Os estímulos[8] de cargas são contínuos e progressivos –

provocam adaptações anatômica, funcional, bioquímica e psicológica.

9.4.2 A transição do jogador para a rotina dos treinamentos com a equipe

No processo final (quinta etapa) de transição do retreinamento para o retorno aos treinamentos com a equipe, existem algumas rotinas que podem ser especificadas conforme o seguinte:

Reunião entre médico, fisioterapeuta e preparador físico para informar sobre o estado físico, procedimentos que foram realizados, e prováveis cuidados que devem ser tomados na fase inicial do retreinamento.

Diagnóstico inicial após a liberação: entrevista informal do preparador físico com o jogador de futebol. O jogador, acompanhado pelo preparador físico, é conduzido ao fisiologista, que estabelece os protocolos e as metodologias de avaliações fisiológicas, interpreta, orienta e esclarece sobre os resultados das avaliações, assim como sobre as complexidades fisiológicas para esta etapa do retreinamento.

O preparador físico, provido de informações, apresenta os objetivos, a proposta de trabalho, as regras de convivência e o roteiro das atividades. O número de sessões de retreinamento está associado ao tipo de lesão e ao nível de destreinamento.

Tempo médio de sessões de retreinamento no futebol segundo o tipo de lesão. (Departamento de Futebol do Sport Club Internacional – Período de 2003 a 2015)

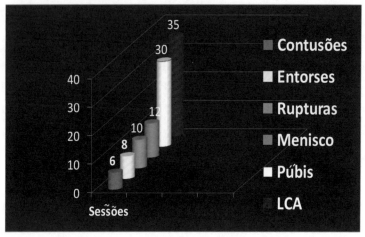

Na primeira sessão de retreinamento são analisados os padrões de movimentos nos exercícios de agachamento, equilíbrio estático, agachamento unipodal, agachamento lateral, elevação do joelho (apoio unipodal) e flexão do joelho com elevação do calcanhar (apoio unipodal). No exercício são avaliadas a qualidade de execução e a resistência estática, e são descritas subjetivamente as assimetrias, limitações e desequilíbrios.

9.4.3 Consideração pedagógica

As lesões no futebol provocam o destreinamento, ou seja, fazem com que o jogador perca as adaptações adquiridas no transcurso da temporada. A redução acentuada no estado de treinamento dificulta a adaptação no reinício dos treinamentos com a equipe, e pode comprometer todo o ano competitivo, inclusive a continuidade da carreira do jogador. A instabilidade do estado de treinamento também se reflete na motivação e na autoestima, além de gerar consequências previsíveis: a reincidência de lesões, de modo a tornar o jogador menos seguro e menos integrado com o restante da equipe.

Com vistas a essas dificuldades, com vistas a essas condições próprias do futebol, os integrantes do setor de saúde, em interação com a comissão técnica, devem estabelecer mecanismos funcionais para suprir tais demandas e promover procedimentos interdisciplinares, associados aos programas motores genéricos. O objetivo deve ser educar, a partir da recuperação funcional, sobre a importância do autoconhecimento, da consciência corporal e da autogestão dos treinamentos e, sobretudo, sobre a escolha dos hábitos de vida. As orientações pedagógicas são relacionadas à auto-organização, ao autocontrole, às construções para entender as adversidades e aos cuidados com a saúde. Contribui para a segurança do jogador de futebol e o induz a superar dificuldades do dia a dia e a alcançar o sucesso.

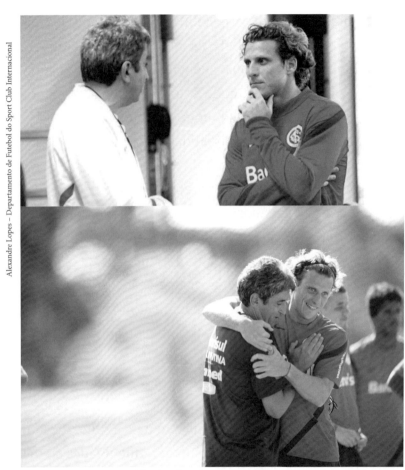

O atleta Diego Forlán (Seleção do Uruguai) foi eleito Bola de Ouro, melhor jogador da Copa do Mundo em 2010.

Os atletas Diego Forlán e Rodrigo Moledo em uma sessão de retreinamento

Capítulo 10

A PERIODIZAÇÃO ANUAL NO CICLO DE CURTA DURAÇÃO

10.1 Introdução

No período de um ano, os treinamentos de futebol devem dar conta das categorias quantitativas, qualitativas e sistêmicas relacionais com a interação de todos os conteúdos. Se a periodização for pautada apenas em uma categoria ou em um conteúdo, os treinos perdem a concepção unitária; tornam-se fracionados. A periodização da concepção sistêmico-ecológica engloba o sentido de totalidade, considera as diferenças e valoriza as singularidades. Ela também conecta os conteúdos de treinamentos com o pensamento, desconsidera a estandardização de métodos e normas, estimula o diálogo externo e interno, respeita as identidades culturais e individuais.

As diferenças comportamentais dos jogadores, nos times de elite, restringe a padronização coletiva de objetivos, conteúdos e normativos de carga, para a promoção do rendimento individual. A idade dos jogadores pode oscilar até entre 17 e 40 anos. Em uma extremidade estão os jogadores com uma larga experiência motora funcional, em outra, jogadores em fase de transição (entre o final da preparação de base e o início do elevado rendimento competitivo). Esses desníveis indicam que as etapas de desempenho, o estado de treinamento e as reservas de treinamento são desiguais de um jogador para outro. Quando os parâmetros de cargas (volume e intensidade) e os conteúdos dos treinamentos são dirigidos do mesmo modo para todo o grupo, o progresso de desempenho individual, especialmente dos jovens jogadores, é limitado. Embora os treinamentos sejam contínuos, as cargas não são sistematizadas e os estágios de adaptações são instáveis. Por essa razão, no cenário do futebol brasileiro existem muitos jogadores de elite que apresentam deficiências técnicas, táticas e físicas primárias, algo muito complexo para um time encontrar um padrão de jogo e alcançar a excelência competitiva em uma única temporada. Surge daí a necessidade de treinamentos individualizados, que muitas vezes não estão incluídos na rotina dos treinos da periodização anual. Esse fato tem levado muitos jogadores de elite a contratar preparadores físicos particulares para complementar e reforçar o rendimento individual.

Não existe a uniformização de formas e metodologias para a periodização, uma vez que a configuração dos treinos leva em conta as concepções dos treinadores, o perfil comportamental dos jogadores e os objetivos da temporada – sempre, é claro, adaptada ao contexto po-lítico-organizacional do clube e ao calendário anual dos campeonatos. Os princípios dos treinadores devem ser claros e objetivos, esclarecedores sobre o modelo de jogo e como os jogadores devem atuar, sempre respeitando as peculiaridades do clube e da competição, interligadas ao contexto cultural. De nada adianta realizarmos planeja-mentos burocráticos mirabolantes e aplicarmos modelos avançados de interação de treinamentos físicos, técnicos e táticos se não considerarmos os componentes ambien-tais, estruturais, comportamentais, relacionais e emocio-nais dos jogadores, do time, do clube e da competição. Como assinalamos, treinar é proporcionar efetivamente aprendizado para provocar mudanças comportamentais.

A periodização é um mecanismo didático e pedagógi-co que divide os treinamentos em unidades temporais para alcançar objetivos preestabelecidos e conquistar resultados. É estruturada por períodos e ciclos, segue uma ordem lógi-ca e apresenta uma distribuição não linear de categorias e conteúdos integrados ao longo da temporada.

É essencial que o processo de treinamento produza, entre os jogadores, adaptações utilitárias, consciência e me-cânica organizacional, demandas físicas objetivas, o confli-to temporário, a prioridade pelo coletivo, hábitos e padrão de jogo – sem sacrificar as potencialidades individuais –, a inquietação pelas tarefas realizadas com insucesso, a com-preensão e a análise crítica do jogo. Os jogadores devem estar preparados para pensar e dialogar sobre a mecânica e a estratégia do jogo e encontrar alternativas junto aos trei-nadores para o melhor rendimento coletivo.

A repetição sistemática dos conteúdos técnicos e táticos deve provocar adaptações para alcançar os comportamentos pretendidos. Predominam os treinamentos adaptativo-específicos com alternâncias dos espaços, duração e intensidade.

Os treinamentos devem estar norteados por modelos de comportamentos individuais e coletivos, além de um sentimento comum de responsabilidade, para a realização de tarefas e tomadas de decisões nas diferentes situações do jogo. Nos times, o coletivo e o individual se complementam: há interdependência. O individual não desaparece, ele expressa o coletivo.

Com base no calendário anual do futebol brasileiro e nos princípios estruturais dos treinamentos do futebol, determinamos a periodização com os limites temporais em quatro fases:

▶ Fase de treinamentos de base – período de pré-temporada
▶ Fase de treinamentos de acumulação – período de competição
▶ Fase de treinamentos específicos – período de competição
▶ Fase de férias – período de transição

10.2 Fase de treinamentos de base – período de pré-temporada

O período de pré-temporada, também conhecido como fase de treinamentos de base, corresponde ao período mais curto do planejamento anual no futebol brasileiro. Compreende quatro ciclos semanais no mês de janeiro. Nele predominam os treinamentos de formação geral.

No início do primeiro ciclo semanal são realizadas as avaliações fisiológicas e físicas. Uma vez concluídas as avaliações, as comissões técnicas, com o suporte do setor de fisiologia, analisam os resultados das avaliações e definem os objetivos basilares para a elaboração e a organização dos treinamentos.

As avaliações fisiológicas e físicas[9] são divididas em quatro grupos:

[9] Luiz Crescente: médico fisiologista do Sport Club Internacional e da Seleção Brasileira de Futebol – CBF

Saúde: ECG de esforço, ecocardiograma, exame ortopédico (com avaliação por imagem), exame bioquímico completo: exame de sangue, perfil lipídico, provas hepáticas, provas renais, perfil hormonal, tireoide, eletrólitos, glicemia, hepatite e sífilis.

Funcional: composição corporal, percentual de gordura, percentual de massa muscular, avaliação metabólica (em esteira), VAM – velocidade aeróbia máxima, FC máxima.

Testes de campo: flexibilidade, agilidade, velocidade, potência de membros superiores e inferiores, resistência anaeróbia, potência aeróbia, índice de fadiga.

Controles de treinamentos durante a temporada: durante os treinos e jogos os jogadores são monitorados individualmente por meio do GPS para controlar a distância percorrida, zonas de velocidade, pico de velocidade, número de acelerações e a extensão total dos sprints; após os jogos (entre 36 e 48 horas) são realizados os controles de CK e ureia; os exames bioquímicos completos são realizados de 3 em 3 meses; o percentual de gordura e massa muscular mensalmente; antes e após os treinos são aferidos o peso e a percepção subjetiva do estado físico; dor e esforço pós-treino[10]:

[10] Felipe Irala: fisiologista do Sport Club Internacional

PERCEPÇÃO DO ESTADO FÍSICO

	0
DESCANSADO	1
	2
NORMAL	3
	4
CANSADO	5
	6
MUITO CANSADO	7
	8
EXAUSTO	9
	10

PERCEPÇÃO DE DOR

PERCEPÇÃO DE ESFORÇO

MUITO LEVE	0
	1
	2
LEVE	3
	4
MÉDIO	5
	6
FORTE	7
	8
MÁXIMO	9
	10

Os especialistas[11] em treinamento esportivo destacam a importância da especificidade das avaliações em relação à demanda fisiológica, tanto nas questões metabólicas quanto nas questões mecânicas. Frequentemente são utilizados aparelhos tecnológicos, como fotocélulas, analisador de gases, sistema por telemetria para o controle de diferentes variáveis. Para determinar o perfil fisiológico do jogador são utilizados os resultados dos testes, validados cientificamente e armazenados em um banco de dados, em escalas percentílicas.

[11] Felipe Célia: preparador físico com Especialização em Fisiologia do Exercício

Uma vez realizadas as avaliações e os dados analisados, os ciclos dos treinamentos de base passam a abranger prioritariamente a integração de duas categorias de treinamentos: de caráter quantitativo e de caráter qualitativo. A categoria de treinamentos quantitativos abarca os conteúdos estruturais, funcionais e adaptativo-específicos, enquanto nas de caráter qualitativo predominam os conteúdos técnicos e táticos. Essas categorias não existem em estado fragmentado e isolado.

O jogador de futebol depende da base de desenvolvimento de todas elas – de forma individual e combinada – para alcançar, nas outras etapas dos treinamentos, um desempenho que possa ser considerado ideal. Essa dependência está relacionada a uma composição bastante complexa, uma vez que demasiados conteúdos têm influência na especificidade das ações do jogo.

Nessa fase, ocorrem treinamentos físicos, técnicos e táticos. Os treinamentos físicos de base atendem às exigências estruturais indispensáveis para a continuidade das cargas de treinos e de jogos ao longo da temporada, enquanto os treinamentos técnicos e táticos possibilitam, ao time e aos jogadores, iniciar as adaptações interativas para a construção de um modelo de jogo.

Esses ciclos representam o marco inicial de um procedimento cumulativo de cargas, que se estende durante a temporada. Nos dois primeiros ciclos semanais, os turnos dedicados ao incremento dos parâmetros físicos têm como objetivo a tolerância de cargas. As intensidades são médias e os volumes aumentados.

O componente físico que produz um desempenho diferenciado nas ações individuais do jogador de futebol é a potência – que não constitui uma qualidade independente, mas é resultado da influência mútua dos fatores genéticos e de outras qualidades básicas. Para atingir a potência, é necessário desenvolver a força combinada com a aceleração, e transferi-las para chutes, arranques, giros, antecipações, saltos e mudanças de direção.

Consideramos que a aceleração e a força representam um diferencial físico nas ações técnicas do jogador de futebol: para atingir um nível elevado e manter a continuidade desse domínio nos jogos e nos treinamentos, é necessária, nessa fase, a mobilização de energia anaeróbia (fibras rápidas, tipo II a) e de resistência muscular. Os treinamentos de força e resistência estrutural passam a oferecer sustentáculo para a realização e a continuidade dos esforços de curta duração, elevada velocidade, baixa concentração de lactato e inúmeras repetições. Esses treinamentos são fundamentais para tolerar um número expressivo de esforços explosivos e para acelerar os processos de recuperação. Os treinamentos de base são mais volumosos e menos intensos, orientados para adequar as adaptações biológicas às exigências das competições.

10.3 Fase de treinamentos de acumulação – período de competição

O período de competição, que inicia após a pré-temporada, é constituído por duas etapas, estruturadas de formas distintas. A primeira compreende os treinamentos acumulativos: em 6 a 8 semanas, são realizados entre 10 e 14 jogos competitivos. Compreende as fases classificatórias dos campeonatos estaduais, a fase seletiva da Copa do Brasil ou Copa Libertadores da América. Os treinadores reforçam, nesse período, o processo de construção do modelo de jogo idealizado para o time, e exercitam entre os jogadores as competências perceptivas, motoras e decisionais, com a mesma intensidade de carga estabelecida nos jogos competitivos. O período de acumulação apresenta como característica principal a implantação do treinamento continuado e integrado dos componentes técnicos, táticos, relacionais, físicos e mentais.

10.4 Fase de treinamentos específicos – período de competição

Por sua vez, o período de competição com treinamentos específicos abrange de 36 a 38 semanas, em que são realizados de 48 a 60 jogos competitivos. Compreende as fases finais dos campeonatos estaduais, os jogos da Copa do Brasil, o Campeonato Brasileiro, a Copa Libertadora da America e o Campeonato Sul-Americano. Esse período é marcado por acumulação de jogos, aumento da intensidade dos esforços específicos, variações da densidade em relação à alternância do volume. Não existe a progressão linear de cargas, e os treinamentos são realizados com velocidade e intensidade com variabilidade dos normativos de carga ao longo do ano.

Após os jogos, as demandas fisiológicas são acentuadas e diferenciadas devido à maximização integrada de esforços específicos (aumento do volume e da intensidade dos esforços), ao ambiente e à pressão emocional. Os controles fisiológicos passam a ser essenciais para regular as cargas dos treinamentos, minimizar o aumento excessivo dos índices de fadiga e impedir a síndrome do supertreinamento. Nos dias pós-jogos, as cargas são reduzidas e a sessão de treinamento passa a ter um caráter regenerativo.

Por definição, o treinamento regenerativo é um processo que engloba atividades de baixo volume e baixa intensidade. Combinado a alternativas nutricionais, esse método promove a reparação tecidual, aumenta a reposição das reservas energéticas e equilibra o organismo para os treinamentos subsequentes.

Nos microciclos[12] com um jogo semanal, são realizados, pós-jogos, uma unidade de treinamento regenerativo e, na continuidade, treinamentos técnicos e táticos que gerem adaptações específicas: físicas, técnicas, táticas e organizacionais. Independente da mobilização dos conteúdos no aprimoramento da qualidade dos esforços específicos, os treinamentos também são utilizados para manter o nível de resistência das cargas e para reduzir os déficits técnicos e táticos da organização coletiva do time. Os microciclos com um jogo semanal acrescentam conteúdos e estímulos para o aumento dos parâmetros competitivos, uma vez que o reduzido número de treinamentos do período de pré-temporada não oferece reservas de treinamento nem sustentação à continuidade e à exigência dos esforços específicos requeridos ao longo da temporada anual.

Nos microciclos com dois jogos semanais, são realizadas, pós-jogos, duas unidades de treinamentos regenerativos e na continuidade são orientados treinamentos técnicos e táticos com a finalidade de gerar adaptações técnicas, táticas, relacionais e organizacionais específi-

[12] É a microestrutura do planejamento anual. Está caracterizada por um conjunto de unidades de treinamentos durante uma semana.

cas. Os treinamentos são organizados em volume e intensidade para manter o equilíbrio das adaptações dos componentes físicos e motores.

No período de competição os treinamentos técnicos e táticos têm como objetivo principal apurar a mecânica de jogo. Predomina nas unidades de treinamentos a qualificação dos setores: defesa, meio-campo e ataque. São sistemáticos e contínuos os exercícios que incluem as saídas de bola, posse de bola, inversão de bola, transições de jogo, coberturas ofensivas e defensivas, defesa posicional, movimentações rápidas e agressivas, contra-ataque, ataque posicional, bola parada ofensiva e defensiva; treinos ofensivos sem a presença de adversários, jogos semiestruturados com transição para o ataque ou transição para a defesa, e jogos coletivos; treinos defensivos com o posicionamento dos jogadores em situações diversificadas, cobertura defensiva, pressão na bola do adversário, bola parada exercitando a movimentação e o posicionamento dos jogadores.

Nos microciclos com um jogo semanal deve predominar de forma contínua e gradual esforços intermitentes, nos treinamentos técnicos e táticos que marcam o modelo e jogo. Exemplo: pequenos jogos com marcação pressão (esforços de alta intensidade, duração curta e recuperação passiva). A continuidade dos esforços intermitentes provocará melhora da eficiência biomecânica, da coordenação gestual, da potência aeróbia, do controle motor, retardo na aparição da fadiga central, e maior recrutamento das fibras musculares de contração rápida.

Na fase final das etapas de aquecimento, são adicionados, de modo alternado, exercícios coordenativos complexos, exercícios de força dinâmica, exercícios de saltos e exercícios de aceleração e frenagem.

10.5 Conteúdos teórico-práticos dos treinamentos no ciclo de curta duração

A seleção dos conteúdos teórico-práticos foi sugerida por **Mauricio Dulac**, analista de desempenho do Sport Club Internacional e da CBF – Seleção Brasileira de Futebol; **Odair Hellmann**, assistente técnico da equipe principal do Sport Club Internacional e da CBF – Seleção Olímpica de Futebol; Guto Ferreira, treinador da Série A do futebol brasileiro.

Os dados físicos foram monitorados pelo fisiologista **Felipe Irala**, do Sport Club Internacional.

As cargas dos treinamentos devem ser orientadas pela comissão técnica em parceria com o setor de fisiologia, sempre atentos aos princípios de progressão de cargas: o heterocronismo da recuperação, a interdependência do volume e da intensidade e, por último, a continuidade e a repetição.

10.5.1 Treino técnico-tático: campo reduzido 10 x 10 posicional com inversões de lado

Objetivo: Definição da jogada (gol) com objetivo secundário de circulação de bola por ambos os lados do campo. Posse de bola sustentada e princípios do jogo real. Marcação, balanço defensivo, transições, finalizações etc.

Descrição do jogo: Em campo reduzido, posicionar duas equipes com a formatação tática determinada e realizar um jogo posicionado. No entanto, para que a equipe finalize, ela deverá obrigatoriamente passar pelo lado oposto à jogada. Uma equipe ataca uma trave e defende duas, mudando de campo no intervalo do trabalho.

Interferências: De acordo com o posicionamento predeterminado, cobrar as ações de transições da equipe e os princípios de movimentações defensivas e ofensivas estabelecidos para o confronto com o adversário.

Duração do trabalho: Blocos de 5 a 7 minutos com alternância de lados de campo.

Variações: Determinar número de toques mínimos para inverter a jogada. Provocar confrontos individuais nas zonas. Determinar a situação que antecede a finalização.

Dados físicos monitorados:
Duração: 3 blocos de 5 minutos
Distância percorrida: 2.100 metros
Velocidade média: 7,3 km/h
Pico de velocidade: 25 km/h
Acelerações > 2,5 m/s/s: 20 acelerações

Para efeitos de comparação – média dos dados físicos monitorados em jogos oficiais:
Distância percorrida: 9.800 metros
Velocidade média: 6,15 km/h
Pico de velocidade: 30,78 km/h
Acelerações > 2,5 m/s/s: 43 acelerações

10.5.2 Treino técnico-tático: campo reduzido 6 x 6 – Jogo das Transições – traves invertidas

Objetivo: Trabalho de transição com ênfase em retomada de pressão, finalizações e mudança de comportamento no jogo.

Descrição do jogo: Em campo reduzido: posicionar duas equipes com a formatação tática determinada. Este jogo pode ser feito com 6 x 6, 7 x 7, 8 x 8 etc., variando o tamanho do campo. Cada equipe defende uma das traves, devendo finalizar na trave contrária ao campo que protege inicialmente. No fundo do campo, ficam dois membros da comissão, responsáveis pelo início da movimentação e também pelo apoio à construção das jogadas. As equipes jogam entre si com o objetivo de fazer o gol. No momento da perda da posse ou de defesa do goleiro, a bola deve ser lançada (goleiro) ou invertida (jogador) para o outro lado do campo em direção ao membro da comissão técnica. Por sua vez, recomeça a ação ofensiva da equipe que estava defendendo sem qualquer intervalo.

Interferências: Determinar número de toques. Dar ritmo ao jogo cobrando a atitude dos jogadores. Terminar o treino se não houver pressão na bola, velocidade nas ações defensivas e ofensivas. Manter a intensidade das transições.

Duração do trabalho: Blocos de 5 a 7 minutos.

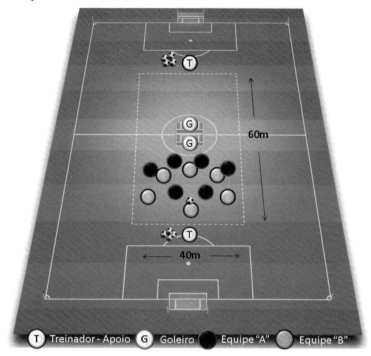

Dados físicos monitorados:
Duração: 3 blocos de 5 minutos
Distância percorrida: 1.775 metros
Velocidade média: 7,8 km/h
Pico de velocidade: 28 km/h
Acelerações > 2,5 m/s/s: 25 acelerações

Para efeitos de comparação – média dos dados físicos monitorados em jogos oficiais:
Distância percorrida: 9.800 metros
Velocidade média: 6,15 km/h
Pico de velocidade: 30,78 km/h
Acelerações > 2,5 m/s/s: 43 acelerações

10.5.3 Treino técnico-tático:
campo reduzido 3 x 3 com dois apoios variando

Objetivo: Definição da jogada com finalização a gol. Usa-se campo reduzido com ênfase em finalizações curtas, com intensidade de marcação e com trocas de funções.

Descrição do jogo: Em campo reduzido, posicionar cinco atletas para cada equipe, com dois atletas começando a movimentação fora do campo de jogo como apoio à construção. Para a equipe finalizar em gol, um jogador deve passar a bola para um dos jogadores de apoio, trocando de posição com ele. A finalização está liberada no momento em que o jogador que se encontrava de fora retornar ao campo de jogo.

Interferências: Controlar a intensidade do jogo. Cobrar finalizações se não houver pressão na bola.

Duração do trabalho: Blocos de 3 a 5 minutos com alternância de lados de campo.

Variações: Determinar número de toques mínimos. Colocar os apoios no fundo do campo. Retirar os apoios.

Dados físicos monitorados:
Duração: 2 blocos de 5 minutos
Distância percorrida: 954 metros
Velocidade média: 5,6 km/h
Pico de velocidade: 25 km/h
Acelerações > 2,5 m/s/s: 15 acelerações

Para efeitos de comparação – média dos dados físicos monitorados nos jogos:
Distância: percorrida: 9.800 metros
Velocidade média: 6,15 km/h
Pico de velocidade: 30,78 km/h
Acelerações > 2,5 m/s/s: 43 acelerações

10.5.4 Treino tático posicional: campo reduzido 8 x 7 – ataque x defesa – posicional

Objetivo: Definição tática das movimentações defensivas e ofensivas de acordo com a estratégia da equipe para o jogo.

Descrição do jogo: Em campo reduzido, posicionar taticamente as duas equipes e promover o enfrentamento no ritmo do jogo. A equipe que inicia defendendo tem como objetivo principal proteger o gol. O objetivo secundário dessa equipe, quando estiver com a posse da bola, é fazer o gol nas duas traves posicionadas no outro lado do campo.

Interferências: Controlar as questões táticas típicas do enfrentamento. Controlar a intensidade das ações. Abordar aspectos de coberturas e movimentos defensivos. Promover o enfrentamento entre as equipes de forma mais próxima ao jogo.

Duração do trabalho: Blocos de 5 a 7 minutos.

Variações: Determinar número de toques mínimos.

Dados físicos monitorados:
Duração: 2 blocos de 7 minutos
Distância percorrida: 1.513 metros
Velocidade média: 5,6 km/h
Pico de velocidade: 28 km/h
Acelerações > 2,5 m/s/s: 16 acelerações

Para efeitos de comparação – média dos dados físicos monitorados em jogos oficiais
Distância percorrida: 9.800 metros
Velocidade média: 6,15 km/h
Pico de velocidade: 30,78 km/h
Acelerações > 2,5 m/s/s: 43 acelerações

10.5.5 Treino tático: campo reduzido 10 x 10

Objetivo: Definição tática das movimentações defensivas e ofensivas de acordo com a estratégia da equipe para o jogo.

Descrição do jogo: Em campo reduzido, posicionar taticamente as duas equipes e promover o enfrentamento no ritmo do jogo. Nesse trabalho, devem ser abordadas as peculiaridades do confronto para o qual a equipe está se preparando. Podem-se promover ainda os aspectos de bola parada, combinados com as movimentações treinadas.

Interferências: Controlar as questões táticas inerentes ao enfrentamento. Controlar a intensidade das ações. Abordar aspectos de cobertura e movimentos defensivos. Promover a concentração para as questões do jogo.

Duração do trabalho: Variações de 10 a 25 minutos de acordo com a intensidade e a proximidade do jogo.

Dados físicos monitorados:
Duração: 2 blocos de 12 minutos
Distância percorrida: 2.594 metros
Velocidade média: 6,9 km/h
Pico de velocidade: 30,6 km/h
Acelerações > 2,5 m/s/s: 23 acelerações

Para efeitos de comparação – média dos dados físicos monitorados em jogos oficiais:
Distância percorrida: 9.800 metros
Velocidade média: 6,15 km/h
Pico de velocidade: 30,78 km/h
Acelerações > 2,5 m/s/s: 43 acelerações

10.5.6 Treino tático: campo reduzido 10 x 10 – posse de bola setorizada

Objetivo: Fazer a posse de bola circular, determinando o número de toques em certas zonas do campo. Desenvolver a posse de bola sustentada. Aprimorar a qualidade e velocidade do passe. Treinar as inversões de bola.

Descrição do jogo: Em campo reduzido, posicionar as equipes dentro de suas funções e promover a circulação da posse de bola nas zonas previamente demarcadas. Para a bola passar de uma zona a outra, são necessários pelo menos três passes. Depois disso, feita a inversão, a circulação de bola em outra zona está liberada.

Interferências: Controlar os toques nas zonas, a intensidade do passe, os confrontos individuais e as inversões.

Duração do trabalho: Blocos de 5 a 7 minutos.

Variações: Aumentar número de toques mínimos nas zonas. Liberar a movimentação dos jogadores em outras zonas para pressionar.

10.5.7 Treino tático: trabalho de movimentos ofensivos

Objetivo: Desenvolver as ações ofensivas de acordo com as movimentações defensivas do adversário.

Descrição do jogo: Com uma equipe na formatação prevista para o jogo, promover as movimentações ofensivas. Trabalhar as variáveis desde o início da circulação de bola até a finalização. Neste caso, pensa-se em uma jogada começando com o lateral direito. O lateral, no primeiro momento, passa para um dos homens da frente. O homem de frente escora a bola para um dos homens do meio, que, com passe rápido, promove a passagem do lateral que iníciou a jogada. O lateral, então, na linha de fundo, cruza para a área.

Interferências: Promover as jogadas dos dois lados do campo, respeitando as definições estratégicas. Cobrar a chegada dos homens de trás dentro ou próximos à área. Orientar os defensores a trabalhar encurtando os espaços e impedindo contra-ataques.

Duração do trabalho: De 10 a 20 minutos, de acordo com o número de movimentações e definições para o jogo.

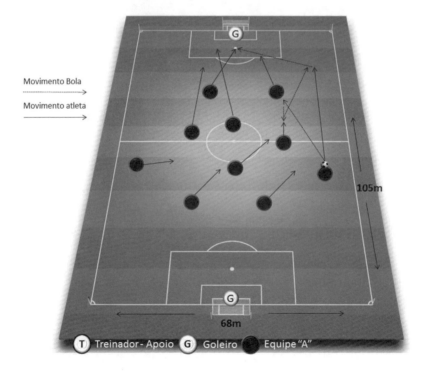

10.5.8 Treino tático posicional: campo reduzido 6 x 5 – ataque x defesa posicional

Objetivo: Promover o enfrentamento de duas equipes num sistema tático e num modelo de jogo.

Descrição do jogo: Em campo reduzido, posicionar as equipes dentro do sistema e desenvolver um jogo de enfrentamento de ataque contra defesa. A equipe que está defendendo tem duas alternativas para fazer o gol. A equipe que está atacando com superioridade numérica tem a meta central como objetivo.

Interferências: Controlar o número de toques e as situações de impedimentos. Promover enfrentamentos e definições de jogada.

Duração do trabalho: Blocos de 5 a 7 minutos.

Variações: Trocar as funções dos homens dentro do sistema.

Dados físicos monitorados:
Duração: 3 blocos de 5 minutos
Distância percorrida: 1.284 metros
Velocidade média: 5,1 km/h
Pico de velocidade: 26,4 km/h
Acelerações > 2,5 m/s/s: 15 acelerações

Para efeitos de comparação – média dos dados físicos monitorados em jogos oficiais:
Distância percorrida: 9.800 metros
Velocidade média: 6,15 km/h
Pico de velocidade: 30,78 km/h
Acelerações > 2,5 m/s/s: 43 acelerações

10.5.9 Treino tático: campo reduzido 5 x 5 – estacas

Objetivo: Promover o enfrentamento, em campo reduzido, de duas equipes segundo um sistema tático e um modelo de jogo.

Descrição do jogo: Em campo reduzido, posicionar as equipes dentro do sistema e desenvolver um jogo de enfrentamento. O objetivo do jogo é fazer a bola passar entre as estacas e, com isso, marcar um "gol".

Interferências: Controlar o número de toques, as situações de balanço defensivo e de desmarcação.

Duração do trabalho: Blocos de 5 a 7 minutos.

Variações: Promover a superioridade numérica.

Dados físicos monitorados:
Duração: 2 blocos de 6 minutos
Distância percorrida: 1.152 metros
Velocidade média: 5,9 km/h
Pico de velocidade: 22,6 km/h
Acelerações > 2,5 m/s/s: 10 acelerações

Para efeitos de comparação – média dos dados físicos monitorados em jogos oficiais:
Distância percorrida: 9.800 metros
Velocidade média: 6,15 km/h
Pico de velocidade: 30,78 km/h
Acelerações > 2,5 m/s/s: 43 acelerações

10.6 Período de férias – fase de transição

O período de transição no futebol brasileiro se estende por 4 semanas, e é iniciado após o término do período competitivo de 42 semanas – que traz consigo, naturalmente, um número extenuante de jogos e viagens. Os jogadores, durante esse longo período, são expostos a estresses físico e mental, cumulativos ao longo da temporada anual. Portanto, a finalidade central desse período de transição é o restabelecimento das condições físicas e mentais dos jogadores através do repouso ativo. Nessa fase, o ideal é que o futebolista evite qualquer tipo de rotina nos primeiros 15 dias, uma vez que, durante a temporada, as atividades foram rigorosas e repetidas, com acúmulos de treinamentos, viagens, jogos, concentrações, entrevistas, autógrafos, cerimônias e outros. É vital conscientizar o jogador sobre a importância de se praticar atividades diversificadas, com regularidade e espontaneidade. Ao longo do repouso ativo, ainda, é necessário que se mantenha um determinado equilíbrio entre os deleites das férias (alimentação, bebidas, festas) e os exercícios físicos praticados de forma voluntária e prazerosa.

Na sequência, durante a segunda quinzena do período de transição, os futebolistas devem seguir um programa de treinamento elaborado pelo setor de preparação física tendo em vista um adiantamento nos treinamentos de base. Durante essa quinzena, também devem ser evitados programas de atividades físicas rígidas.

Jogadores que cessam os exercícios físicos no período de férias, e tornam-se inativos abruptamente, podem sofrer sérias alterações orgânicas, como distúrbios digestivos, falta de sono, perda ou ganho excessivo de peso, irritabilidade e alterações no humor. O destreinamento provoca significativas perdas das adaptações adquiridas na temporada anterior.

Eis um fato irrecusável: o período da pré-temporada é reduzido, e o período competitivo, extenso. O jogador de futebol tem de levar isso em conta – e, consequentemente, deve se manter ativo nas férias. Uma redução acentuada no estado de treinamento, durante o período de transição, pode dificultar a adaptação no início da temporada e comprometer todo o ano competitivo, inclusive a continuidade da carreira do jogador. A instabilidade do estado de treinamento também se reflete na motivação e na autoestima, e traz algumas consequências conhecidas: as lesões tornam-se mais frequentes, o jogador se sente menos seguro e com maiores dificuldades para interagir com o restante da equipe.

Nesse contexto, as concepções da linha de treinamento sistêmico-ecológica se valem dos princípios gerais dos treinamentos e de indutores cognitivos, associados aos programas motores genéricos, para inserir, nos planos de treinamento, uma didática que contribua para a conscientização da autogestão dos treinamentos e dos hábitos de vida.

O atleta Andrés D'Alessandro, multicampeão pelo Internacional: 6 títulos estaduais, Copa Sul-Americana, Copa Suruga, Copa Libertadores e Recopa

O atleta Tinga, multicampeão pelo Internacional: 3 campeonatos estaduais, bicampeão da Copa Libertadores (2006-2010), campeão da Recopa Sul-Americana. Participa da pré-temporada, em uma sessão de treinamentos físicos estruturais com o grupo de jogadores.

O alteta Dátolo em um treinamento individualizado de força estrutural

Nilmar em uma sessão individualizada de treinamento funcional

Alex Raphael Meschini, multicampeão pelo Internacional: 6 títulos estaduais, Copa Libertadores, Mundial, Recopa Sul-Americana, Copa Dubai, Copa Sul-Americana. Realizando exercícios de reforço muscular.

Exercícios de retreinamento na areia

Retreinamento: exercícios de força de saltos na caixa de areia

Na sua chegada ao clube, o Fernandão participou de 15 unidades de treinamentos individualizados de base. Nos rotineiros deslocamentos para os treinos, questionava os objetivos e os conteúdos. Nesses momentos estabelecemos um diálogo frequente e consistente sobre as propostas dos treinos.

O atleta Fernandão em uma sessão de treino proprioceptivo na caixa de areia. Inteligente, crítico, inquieto, competitivo e muito exigente com as questões dos treinos.

Nesse dia, o Fernandão estava incomodado com dores no púbis. Relatava as dificuldades para realizar determinados movimentos específicos e a vontade de retornar logo aos gramados. Eu o acompanhei durante 8 dias em Goiás. Ele passava entre 8 e 10 horas diárias entre tratamentos e treinos, sempre com muita disposição, determinação, obstinação e dedicação.

O Fernandão era muito educado e meticuloso. Queria saber todos os porquês dos treinamentos. Era autodidata, destemido e polivalente nas práticas esportivas. Foi um fiel parceiro na elaboração dos treinos, definição dos objetivos, seleção de exercícios e na percepção dos esforços. No pré e pós-treino exercia com precisão e objetividade a autoavaliação do seu estado físico. Tornamo-nos grandes amigos. Eu o levarei para sempre na minha memória e no meu coração.

Referências

ACUÑA DELGADO, A. *Fundamentos socio-culturales de la motricidad humana y el deporte*. Granada: Universidad de Granada, 1994.

ANDLER, D. (Org.). *Introdução às ciências cognitivas*. São Leopoldo: Editora do Vale do Rio dos Sinos, 1992.

BANGSBO, J. *Fútbol*: entrenamiento de la condición física en el futbol. 3. ed. Barcelona: Paidotribo, 2002.

BANGSBO, J. The physiology of soccer-with special reference to intense intermittent exercise. *Acta Physiol. Scand.*, v. 619, Suppl., p. 1-55, 1994.

BANGSBO, J.; IAIA F. M; KRUSTRUP, P. The Yo-Yo Intermittent Recovery Test: a useful tool for evaluation of physical performance in intermittent sports. *Sports Ed.*, v. 38, n. 1, p. 37-51, 2008.

BANGSBO, J.; MHOR, M. Variations in running speed and recovery time after a sprint during top-class soccer matches. *Med. Sci. Sports and Exerc.*, v. 37, p. 87, 2005.

BANGSBO, J.; MHOR, M.; KRUSTRUP, P. Physical and metabolic demands of training and match-play in the elite football player. *J. Sports Sci.*, v. 24, p. 665-74, 2006.

BANGSBO, J.; NORREGARD, L.; THORSO F. Activity profile of competition soccer. *Can. J. Sport. Sci.*, v. 16, p. 110-6, 1991.

BARABANI, R. *Fundamentos de fisiologia del ejercício y del entrenamiento*. Barcelona: Barcanova, 1990.

BARBANTI, V. *Teoria e prática do treinamento desportivo*. São Paulo: Blucher, 1987.

BAYER, C. *La enseñanza de los juegos deportivos colectivos*. Barcelona: Hispano Europea, 1987.

BAYER, C. *O ensino do desporto*. Lisboa: Coleção Desporto; Dinalivro, 1994.

BAYER, C. *Técnica del balonmano*: la formación del jugador. Barcelona: Hispano Europea, 1987.

BENEDEK, E. *Fútbol infantil*. Barcelona: Paidotribo, 1996.

BENEDICT, R. El desarrollo de la cultura. In: SHAPIRO, H. (Coord.). *Hombre, cultura y sociedad*. México: Fondo de Cultura Económica, 1975. p. 246-260.

BERNSTEIN, N. *The coordination and regulation of movement*. New York: Pergamon Press, 1967.

BLANCHARD, K.; CHESCA, A. *Antropología del deporte*. Barcelona: Bellaterra, 1986.

BLAZQUEZ, D. *Iniciación a los deportes de equipo*: del juego al deporte: de los 6 a los 10 años. Barcelona: Martinez Roca, 1986.

BOMPA, T. *Periodización del entrenamiento deportivo*. Barcelona: Paidotribo, 2000.

BOSCO, C. *La fuerza muscular*. Barcelona: Inde, 2000.

BOURDIEU, P. *Cosas dichas*. Barcelona: Gedisa, 1978.

BUYTENDIJK, F. *El juego y su significado*: el juego en los hombres y en los animales como manifestación de impulsos vitales. Madrid: Revista de Ocidente, 1935.

CAGIGAL, J. M. *Cultura intelectual y cultura física*. Argentina: Kapelusz, 1979.

CAGIGAL, J. M. *Deporte y agresión*. Madrid: Alianza, 1990.

CAGIGAL, J. M. El fenómeno psicológico del deporte. *Revista Citius Altius Fortius*, Madrid, tomo V, fasc. 3, p. 343-356, 1963.

CAGIGAL, J. M. Educacion social deportiva, um intento por José Maria Cagigal. *Revista Citius Altius Fortius*, Madrid, tomo X, fasc. 1-2, p. 165-180, 1968.

CAGIGAL, J. M. *Hombres y deporte*. Madrid: Taurus, 1957.

CAMPOS, M. A.; NETO, B. C. *Treinamento funcional resistido*: para melhoria da capacidade funcional e reabilitação de lesões musculoesqueléticas. Rio de Janeiro: Revinter, 2004.

CARRAVETTA, E. A busca de um novo paradigma para a organização técnica e funcional do desporto de elevado rendimento. *Revista Perfil*: Programa de Pós-Graduação em Ciências do Movimento Humano, UFRGS, Porto Alegre, v. 4, p. 58-62, 2000.

CARRAVETTA, E. As relações do esporte moderno com as mudanças sociais e culturais. *Revista Movimento*, Porto Alegre, v. 3, n. 4, p. 52-56, 1996.

CARRAVETTA, E. *Deporte y control social*: aproximación socio-pedagógica. Barcelona: Universitat de Barcelona, 1995.

CARRAVETTA, E. *Futebol*: formação de times competitivos. Porto Alegre: Sulina, 2012.

CARRAVETTA, E. *Modernização da gestão do futebol brasileiro*: perspectivas para qualificação do rendimento competitivo. Porto Alegre: AGE, 2006.

CARRAVETTA, E. *O enigma da preparação física*. Porto Alegre: AGE, 2009.

CARRAVETTA, E. *O esporte olímpico*: um novo paradigma de suas relações sociais e pedagógicas. Porto Alegre: Editora da Universidade Federal do Rio Grande do Sul, 1995.

CARRAVETTA, E. *O jogador de futebol*: técnicas, treinamento e rendimento. Porto Alegre: Mercado Aberto, 2002.

CASAJÚS, J. A. Seasonal variations in fitness variables in professional soccer players. *J. Sports Med. Phys. Fitness*, v. 41, p. 463-9, 2001.

CASTELLANO, J.; ALAVAREZ- PASTOR, D.; BRADLEY, P. S. Evaluation of research using computerised tracking systems (Amisco and Prozone) to analyse physical performance in elite soccer: a systematic review. *Sports Med.*, v. 44, n. 5, p. 701-12, 2014.

CASTELO, J. *Futebol*: modelo técnico-tático do jogo. Lisboa: FMH, 1994.

CASTRO, R. *Estrela solitária*: um brasileiro chamado Garrincha. São Paulo: Companhia das Letras, 1996.

COMETTI, G. *Los métodos modernos de musculación*. Barcelona: Paidotribo, 1988.

COMETTI G.; MAFFIULETTI, N. A.; POUSSON, M.; CHATARD, J.-C.; MAF-

FULLI, N. Isokinetic strength and anaerobic power of elite, subelite and amateur french soccer players. *Int. J. Sports Med.*, v. 22, p. 45-51, 2001.

COUBERTIN, P. *Pédagogie sportive*. Paris: Libraire Philosophique J. Virin, 1972.

COUNSILMAN, B. E.; COUNSILMAN, J. E. The residual effects of training. *Journal of Swimming Research*, v. 7, n. 1, p. 4-12, 1991.

CUNHA G. S.; CELIA, F. G.; RIBEIRA, J. L.; OLIVEIRA, A. R. Effects of biological maturation on maximal oxygen uptake and ventilatory breakpoint of Brazilian soccer players. *Gazz. Med. Ital. – Arch. Sci. Med.*, v. 167, p. 43-9, 2008.

DAMATO, M.; BORBA, A. *Todas as copas*: 1930-1938. Rio de Janeiro: Arete, 2002.

DE HEGEDUS, J. *La ciencia del entrenamiento deportivo*. Buenos Aires: Stadium, 1984.

DIEM, C. *Historia de los deportes*. Barcelona: Paidotribo, 1993.

DI SALVO, V.; GREGSON, W.; ATKINSON, G.; TORDOFF, P.; DRUST, B. Analysis of high intensity activity in premier league soccer. *Int. J. Sports Med.*, v. 30, p. 205-12, 2009.

DUARTE, O. *Futebol*: histórias e regras. São Paulo: Makron Books, 1993.

EDWARDS, A. M.; CLARK, N.; MACFADYEN, A. M. Lactate ventilatory thresholds reflect the training status of professional players where maximum aerobic power is unchanged. *J. Sports Sci. Med.*, v. 2, p. 23-9, 2003.

EKBLOM, B. (Dir.). *Fútbol*: manual de las ciencias de entrenamiento. Barcelona: Comisión Médica del COI; Paidotribo, 1999.

ELKONIN, D. *Psicologia del juego*. Madrid: Pablo Del Río, 1980.

ELLIOTT, B.; MESTER, J. *Treinamento no esporte*: aplicando a ciência do esporte. São Paulo: Phorte, 2000.

FAZENDA, I. *Interdisciplinaridade*: um projeto de parceria. São Paulo: Loyola, 1993.

FORTEZA DE LA ROSA, A. *Treinamento desportivo*: carga, estrutura e planejamento. São Paulo: Phorte Editora, 2001.

GALLAHUE, D. *Understanding motor development*: infants, children, adolescents. Indianapolis: Benchmark, 1989.

GARCIA FERRANDO, M. *Aspectos sociales del deporte*: una reflexión sociológica. Barcelona: Alianza, 1990

GARGANTA, J. Fútbol: del juego al entrenamiento, del entrenamiento al juego. *Revista Training Fútbol*, Valladolid, v. 85, mar. 2003.

GARGANTA, J. *Modelação táctica do jogo de futebol*: estudo da organização da fase ofensiva em equipas de alto rendimento. Porto: Universidade do Porto, 1997.

GARGANTA, J. (Re)fundar os conceitos de estratégias e táticas nos jogos desportivos coletivos, para promover uma eficácia superior. *Rev. Bras. Ed. Fis. Esp.*, São Paulo, v. 20, n. 5, p. 201-203, set. 2006.

GARRET, W.; KIRKENDALL, D. *A ciência do exercício e dos esportes*. Porto Alegre: Artmed, 2003.

GHORAYEB, N.; BARROS NETO, T. (Orgs.). *O exercício*: preparação fisiológica, avaliação médica, aspectos especiais e preventivos. São Paulo: Atheneu, 1999.

GIDDENS, J.; TURNER, J. (Orgs.). *Teoria social hoje*. São Paulo: Ed. Unesp, 1999.

GILLET, B. *Historia del deporte*. Barcelona: Oikos – Tau, 1971.

GLEICK, J. *Caos*: a criação de uma nova ciência. Rio de Janeiro: Campus, 1990.

GOMES, A. *Treinamento desportivo*: estruturação e periodização. Porto Alegre: Artmed, 2002.

GRECO, M. *Interdisciplinaridade e revolução do cérebro*. São Paulo: Pancast, 1994.

GRECO, P.; BENDA R. (Orgs.). *Iniciação esportiva universal*: da aprendizagem motora ao treinamento técnico. Belo Horizonte: UFMG, 1998.

GRÉHAIGNE, J. F.; GODBOUT, P. Tactical knowledge in team from a constructivist and cognitivist perspective. *National Association for Education in Higher Education*, n. 47, p. 490-505, 1995.

GROSSER, M.; NEUMAIER, A. *Técnicas de entrenamiento*. Barcelona: Martinez Roca, 1988.

HABERMAS, J. *O discurso filosófico da modernidade*. São Paulo: Martins Fontes, 2000.

HACKEN, H. *Advanced sinergics*. Heilderberg: Springer-Verlag, 1983.

HAHN, E. *Entrenamiento con niños*. Barcelona: Martinez Roca, 1998.

HARTMAN, J.; TÜNNEMANN, H. *Entrenamiento moderno de la fuerza*. Barcelona: Paidotribo, 1996.

HAYES, J. R. Cognitive process in creativity. In: GLOVER, I.; BONNING, R. R.; REYNOLDS C. R. (Ed.). *Handbook of creativity*. New York: Plenum Press, 1989. p. 135-146.

HELGERUD, J.; ENGEN, L. C.; WISLOFF, U.; HOFF, J. Aerobic endurance training improves soccer performance. *Med. Sci. Sports Exerc.*, v. 33, p. 1.925-31, 2001.

HELLER, A. *Sociología de la vida cotidiana*. Barcelona: Península, 1991.

HOFF, J. Training and testing physical capacities for elite soccer players. *J. Sports Sci.*, v. 23, p. 573-82, 2005.

HOFF, J.; HELGERUD, J. Endurance and strength training for soccer players: physiological considerations. *Sports Med.*, v. 34, p. 165-80, 2004.

HUIZINGA, J. *Homo ludens*. Madrid: Alianza, 1987.

IMBAR, O.; BAR-OR, O. Anaerobic characteristics in male children and adolescents. *Med. Sports Exerc.*, v. 18, p. 264-9, 1986.

IMPELLIZZERI, F. M.; RAMPININI, E.; MARCORA, S. M. Physiological assessment of aerobic training in soccer. *Journal of Sports Sciences*, v. 23, n. 6, p. 583-592, 2005.

JANTSCH, J.; BIANCHETTI, L. (Orgs.). *Interdisciplinaridade*: para além da filosofia do sujeito. Petrópolis: Ed. Vozes, 1999.

KLEIN, M. *Futebol brasileiro*: 1894-2001. São Paulo: Ed. Escala, 2001.

KOMI, P. V. Ciclo alongamento-encurtamento. In: KOMI, P. V. *Força e potência no esporte*. 2. ed. Porto Alegre: Artmed, 2006. p. 200-18.

KOOGAN, A.; HOUAISS, A. *Enciclopédia e dicionário ilustrado*. Rio de Janeiro: Delta, 1999.

KRIVICKAS, L. S. Anatomical factors associated with overuse sports injuries. *Sports Med.*, v. 24, n. 2, p. 132-46, 1997 Aug.

KUHN, T. *A estrutura das revoluções científicas*. 5. ed. São Paulo: Perspectiva, 2000.

KUIPERS, N.; KOUTEDAKIS, Y. Sport and overtraining syndrome: immunological aspects. *British Medical Bulletin*, London, v. 48, n. 3, p. 518-533, 1992.

LE GALL, F. *Test y ejercicios de fútbol*. Espanha: Editorial Paidotribo, 2011.

LE GALL, F.; CARLING, C.; WILLIAMS, M.; REILLY, T. Anthropometric and fitness characteristics of international, professional and amateur male graduate soccer players from an elite youth academy. *J. Sci. Med. Sport*, v. 13, p. 90-5, 2010.

LEITE, M. *As melhores seleções brasileiras de todos os tempos*. São Paulo: Contexto, 2010.

LIEBENSON, C. Functional training for performance enhancement: part 1: the basics. *Journal of Bodywork and Movement Therapies*, v. 10, p. 154-158, 2006.

LITTLE, T.; WILLIAMS, A. J. Specificity of acceleration, maximum speed and agility in professional soccer players. *Journal of Strength and Conditioning Re-*

search, v. 19, n. 1, p. 76-78, 2005.

MAGILL, R. A. *Motor learning*: concepts and applications. Iowa: Brown Publishers, 1988.

MANDEL, R. *Historia cultural del deporte*. Barcelona: Bellaterra, 1986.

MANDEL, R. *Las primeras olimpiadas modernas*: Atenas – 1896. Barcelona: Bellaterra, 1990.

MARCOVIC, G.; DIZDAR, D.; JUKIC, I.; CARDINALE, M. Reliability and factorial validity of squat and countermovement jump tests. *J. Strength Cond. Res.*, v. 18, p. 551-5, 2004.

MARTIN, D. Técnica deportiva y teoria del entrenamiento. *Revista Stadium*, Buenos Aires, v. 25, n. 147, p. 6-13, 1991.

MASSADA, L. *Lesões musculares desporto*. Lisboa: Caminho, 1989.

MAXIMO, J. *A história ilustrada do futebol brasileiro*. São Paulo: Edobras, 1969.

MEDINA, J. P. Reflexões sobre a fragmentação do saber esportivo. In: MOREIRA, W. (Org.). *Educação física & esportes*: perspectivas para o século XXI. Campinas: Papirus, 1996. p. 141-158.

MENDO, A. H. La intervención psicológica en las lesiones deportivas. *Rev. Dig. Efdeportes*, Buenos Aires, ano 8, n. 52, set. 2002. Disponível em: <http://www.efdeportes.com/efd52/lesion.htm>. Acesso em: 10 out. 2013.

MOLINARI, C. *História das copas*. Rio de Janeiro: Litteris, 1998.

MORELLI, C. D. *Futebol de campo*: histórico e fundamentos. Campinas: CD Morelli, 1986.

MORIN, E. *O método 4*: as ideias: habitat, vida, costumes, organização. Porto Alegre: Sulina, 1991.

MORRIS, F. (Dir.). *Training principles and overtraining*. Iowa: Sports Medicine Handbook; Brow Publishers, 1984. p. 2-10.

MUNNÉ, F. Sobre a complexidade como crítica epistemológica na ciência do comportamento. In: CONGRESSO INTERAMERICANO DE PSICOLOGIA, 24., 1983, Chile. *Anais...* p. 1-23.

MURAD, Maurício. O lugar teórico da sociologia do futebol. *Revista Pesquisa de Campo*: Núcleo de Sociologia do Futebol, UERJ, n. 2, 1995.

NAVARRO, F. Evolución de las capacidades físicas. In: RUIZ PÉREZ, L. M. (Ed.). *Desarrollo, comportamiento motor y deporte*. Madrid: Síntesis, 2001.

NUNES, C. *Associação entre a força explosiva e a velocidade de deslocamento em futebolistas profissionais*. 2004. Dissertação (Mestrado em Educação Física) – Faculdade de Educação Física, Unicamp, Campinas, 2004.

PARLEBAS, P. *Elementos de sociología del deporte*. Madrid: Universidad Internacional Deportiva, 1988.

PARLEBAS, P. Jogos federados. *Boletim de Federação Internacional de Educação Física*, Brasília, v. 50, p. 50-55, 1980.

PAVANELLI, C. Testes de avaliação no futebol. In: LEITE DE BARROS T.; GUERRA, I. *Ciência no futebol*. Barueri: Manole, 2004.

PEÑAS LAGO, C. *La preparación física en el fútbol*. Madrid: Biblioteca Nueva, 2002.

PERARNAU, M. *Guardiola confidencial*. Campinas: Ed. Grande Área, 2015.

REILLY, T. An ergonomics model of the soccer training process. *J. Sports Sci.*, v. 23, p. 561-72, 2005.

REILLY, T.; BANGSBO, J.; FRANKS, A. Anthropometric and physiological predispositions for elite soccer. *J. Sports Sci.*, v. 18, p. 669-83, 2000.

REILLY, T.; WILLIMS, A. M.; FRANKS, A.; WILLIAMS A. M. A multidisciplinary approach to talent identification in soccer. *J. Sports Sci.*, v. 18, p. 695-702, 2000.

RIERA, J. Estrategia, táctica y técnica deportivas. *Apunts*: Educación Física y Deportes, Barcelona, v. 39, p. 45-56, 1995.

RIERA, J. *Fundamentos del aprendizaje de la técnica y la táctica deportivas*. Barcelona: INDE, 1989.

RIUS SANT, J. *Metodologia del atletismo*. Barcelona: Paidotribo, 1993.

ROBBINS, S. *Comportamento organizacional*. Rio de Janeiro: LTC, 1999.

ROCHA NETO, I. *Gestão de organizações*. São Paulo: Atlas, 2003.

RODRIGUES, F. *A formação do jogador de futebol no Sport Club Internacional*: 1997-2002. 2003. Dissertação (Mestrado em Sociologia) – Programa de Pós-Graduação em Sociologia, UFRGS, Porto Alegre, 2003.

SANCHO, J. M. *Planificación deportiva*: teoría y práctica. Barcelona: INDE, 1995.

SANVISENS, A. *Cibernética de lo humano*. Barcelona: Oikos-tau, 1984.

SANVISENS, A. (Coord.). *Educación, pedagogía y ciencias de la educación*: introdución a la pedagogia. Barcelona: Barcanova, 1984.

SCAGLIA, A. *O futebol e as brincadeiras de bola*. São Paulo: Editora Phorte, 2011.

SEIRU-LO VARGAS, F. Planificación a largo plazo en los deportes colectivos. In: ESCUELA CANARIA DEL DEPORTE. *Entrenamiento deportivo en la infancia y adolescencia*. [S.l.], 1998. p. 139-184.

SILVA, M. S. *O Brasil nas copas*. São Paulo: Alameda, 2010.

SOARES, A. B. Racismo no futebol do Rio de Janeiro nos anos 20: uma história de identidade. *Revista Paulista de Educação Física*, v. 13, n.1, p. 119-129, 1999.

SPORIS, G.; JUKIC, I.; OSTOJIC, S. M.; MILANOVIC, D. Fitness profiling in soccer: physical and physiologic characteristics of elite players. *J. Strength Cond. Res.*, v. 23, p. 1.947-53, 2009.

STOLEN, T.; CHAMARI, K.; CASTAGNA, C.; WISLOFF, U. Physiology of soccer. *Sports Medicine*, v. 35, p. 501-36, 2005.

STORTI, V.; FONTENELLE, A. *A história do campeonato paulista*. São Paulo: Publifolha, 1997.

STROYER, J.; HANSEN, L.; KLAUSEN, K. Physiological profile and activity pattern of young soccer players during match play. *Med. Sci. Sports Exerc.*, v. 36, p. 168-74, 2004.

SUAY, F. et al. Marcadores hormonales del sindrome de sobreentrenamiento. *Revista Psicologia del Deporte*, Barcelona, v. 11, p. 21-39, 1997.

SUMNER, W. *Folkways*: a study of the sociological importance of usages, manners, customs, mores and morals. Boston: Ginn&Company Publishers, 1913.

SVENSSON, M.; DRUST, B. Testing soccer players. *J. Sports Sci.*, v. 23, p. 601-18, 2005.

TOMLIN, D. L.; WENGER, H. A. The relationship between aerobic fitness and recovery from high intensity intermittent exercise. *Sports Medicine*, v. 31, n. 1, p. 1-11, 2001 Jan.

VIANA, E. *Implantação do futebol profissional no estado do Rio de Janeiro*. Rio de Janeiro: Cátedra, 1986.

VILANOU, C. *La historia del deporte y de la educación física a través de los textos*. Barcelona: PPU, 1995.

VILANOU, C.; ESCUDERO, A. (Orgs). *Doctor sanvisens marfull*: pedagog i pensador. Barcelona: Universitat de Barcelona, 2005.

WEINECK, J. *Entrenamiento óptimo*. Barcelona: Hispano Europea, 1988.

WISLOFF, U.; HELGERUD, J.; HOFF, J. Strength and endurance of elite soccer players. *Med. Sci. Sports Exerc.*, v. 30, p. 462-7, 1998.

WITTER, J. S. *Breve histórico do futebol brasileiro*: para conhecer melhor. São Paulo: FTT, 1996.

WITTGENSTEIN, L. *Gramática filosófica*. México: Universidad Autónoma de México, 1992.

TEODORESCU, L. *Problemas de teoria e metodologia nos jogos desportivo*. 2. ed. Lisboa: Livros Horizontes, 2003.

THOMPSON, W.; FLOYD, T. *Manual de cinesiologia estrutural*. São Paulo: Manole, 1997.

ZEHNDER, M.; RICO-SANZ, J.; KUHUE, G.; BOUTELLIER, U. Resynthesis of muscle glycogen after soccer specific performance examined by 13C-magnetic resonance spectroscopy in elite players. *Eur. J. Appl. Physiol.*, v. 84, p. 443-7, 2001.

ZINIT, F. *Entrenamiento de la resistencia*. Barcelona: Martinez Roca, 1991.

Este livro foi confeccionado especialmente
para Editora Meridional em *Times New Roman*
e impresso na Indústria Gráfica Pallotti